Brigitta Pitzer

Märchen und Bachblüten

APV

Erste Auflage 1996

Ilustrationen von:
Tanja Leodolter
Brigitta Pitzer

ISBN 3-901087 55 9
Alle Rechte vorbehalten. Printed in Austria.
Copyright © 1996 by ANNA PICHLER VERLAG GMBH, A-1060 Wien
Satz und Druck: Kure & Co., A-1060 Wien

Brigitta Pitzer

Märchen und Bachblüten

ANNA PICHLER VERLAG, WIEN

Wenn wir wieder lernen, den Pflanzen den Platz in unserem Leben zu geben, den sie verdienen, werden wir aus ihnen auch Kraft für unseren Körper schöpfen können. Als Wesen voller Schönheit heilt die Pflanze den Körper, weil sie den Geist erblühen läßt.

P. Lieutaghi
(Le livre des bonnes herbes)

INHALT

Einleitung 9
Dr. Edward Bach (1886 – 1936) 10
Originalschriften von Edward Bach 14

Märchen „Blumenseele" 17
Rock Rose 20
Mimulus 21
Cherry Plum 22
Aspen 23
Red Chestnut 24

Märchen „Offenheit" 27
Cerato 31
Scleranthus 32
Gentian 33
Gorse 34
Hornbeam 35
Wild Oat 36

Märchen „Bert und Kai, das Spatzenpaar" 39
Water Violet 44
Impatiens 45
Heather 46

Märchen „Die alte Buche" 49
Clematis 54
Honeysuckle 55
Wild Rose 56
Olive 57
White Chestnut 58
Mustard 59
Chestnut Bud 60

Märchen „Glaskunst"	63
Agrimony	68
Centaury	69
Walnut	70
Holly	71
Märchen „Spiegel der Seele"	73
Larch	77
Pine	78
Elm	79
Sweet Chestnut	80
Star of Bethlehem	81
Willow	82
Oak	83
Crab Apple	84
Märchen „Bilder der Sehnsucht"	87
Chicory	93
Vervain	94
Vine	95
Beech	96
Rock Water	97
Notfalltropfen	98
Zubereitung und Einnahme der Blütenessenzen	99
Literaturempfehlung zur Bachblütentherapie	102
Lebenslauf Brigitta Pitzer	103
Lebenslauf Tanja Leodolter	104

Einleitung

Der englische Arzt Edward Bach entdeckte bei seiner Suche nach neuen Heilmitteln für kranke und leidende Menschen 38 Pflanzen „höherer Ordnung", wie er sie nannte, die eine heilsame Wirkung auf das Gemüt ausüben.

In dem vorliegenden Buch wurde angestrebt, Märchen und Bachblütentherapie miteinander zu verbinden, was mir ein besonderes Anliegen ist, da Märchen den Zugang zur Welt der inneren Bilder eröffnen. Dadurch ist es leichter, sich auf jene Seelenebene zu begeben, auf der auch die Bachblüten ihre Wirkung entfalten.

Edward Bach sprach davon, daß es sieben Gruppen von negativen Seelenkonzepten gibt, die zu Disharmonie im Gemütsbereich und letztendlich zu Krankheit führen.

Es sind dies:

- Angst
- Unsicherheit
- Ungenügendes Interesse an der Gegenwart
- Einsamkeit
- Überempfindlichkeit gegenüber Ideen und Einflüssen
- Mutlosigkeit und Verzweiflung
- Übermäßige Sorge um das Wohl anderer

Die 38 Blüten können diesen sieben Gruppen zugeordnet werden. Anhand dieser einfachen Einteilung ist es leichter, die richtigen Blütenessenzen für sich auszuwählen und durch deren Einnahme Heilung herbeizuführen.

Die Märchen sollen diesen Heilungsprozeß unterstützen, indem sie zeigen, wie aus einem negativen Seelenkonzept durch Entwicklung der Gesamtpersönlichkeit innere Harmonie wiederhergestellt wird und Glück, Freude und Gesundheit einkehren.

Sie finden zu den oben angeführten Themen je ein Märchen, das einen positiven Lösungsweg aufzeigt, der Sie ermutigen soll, auch Ihre persönliche Geschichte in Einklang mit Ihrem höheren Selbst zu bringen.

Dr. Edward Bach (1886 – 1936)

Edward Bach studierte in London Medizin und begann als Unfallchirurg in einem Londoner Krankenhaus.

Doch schon bald änderte er sein Aufgabengebiet und nahm eine Stelle als Bakteriologe am University College Hospital in London an.

Hier lernte er nun sieben Typen von Darmbakterien kennen, die zu Impfstoffen verarbeitet und zur Behandlung eingesetzt wurden. Seine Entdeckungen waren vielversprechend, und er erwarb sich einen Ruf in der Ärzteschaft.

Aber auch er selbst wurde wiederholt von Krankheit betroffen: 1917 mußte er wegen Krebs operiert werden.

Zu dieser Zeit beschäftigte sich Bach schon längst mit dem tieferen Sinn von Krankheit und suchte auch nach einer neuen, universellen Heilmethode. Diese Suche wurde zur treibenden Kraft in seinem Leben.

Der nächste Schritt in seiner Laufbahn war die Beschäftigung mit der Homöopathie. Seine Forschungsarbeiten auf diesem Gebiet gingen als „Bach-Nosoden" in den Arzneimittelschatz der Homöopathie ein.

Edward Bach wurde wohlhabend und berühmt. Er gab seine Praxis auf, um sich auf die Suche nach einer völlig neuen Heilmethode zu begeben. Zugleich wuchs sein Interesse an der Philosophie, nicht an einer abstrakten Form der Philosophie, sondern an der Weltsicht des Menschen, der das Leben liebt:

„Alles wahre Wissen kommt allein aus unserem Inneren, in der stillen Kommunikation mit unserer Seele."

1930 hatte Bach neun der neuen pflanzlichen Heilmittel gefunden, die nun seine bakteriologischen homöopathischen Mittel ersetzten, und die er in seiner Broschüre *„Heile dich selbst"* vorstellte.

Das Neue am Ansatz von Dr. Bach war:
- Keines der Mittel ist giftig oder kann schaden, egal wieviel man davon einnimmt.
- Es sind nur 38 Heilmittel. Es ist daher viel leichter, die richtigen auszuwählen.
- Die Methode der Auswahl der zu verabreichenden Mittel ist einfach und allgemein verständlich.
- Es wird nicht die Krankheit behandelt, sondern der Mensch.

In der Tat werden bei dieser Behandlungsform der Name der Krankheit oder die Symptome völlig außer acht gelassen. Man sieht vielmehr „hinter die Kulisse". Man betrachtet den feinstofflichen Anteil des Menschen, der sich in Form von Stimmungen, Emotionen, Charakter, usw., zeigt. Nur wenn dieser Teil des Menschen aus dem Gleichgewicht geraten ist, kann Krankheit entstehen. Krankheit teilt uns demnach lediglich mit, daß „etwas" in uns aus dem Gleichgewicht geraten ist, und dieses „Etwas" gilt es zu behandeln.

Seine letzten Lebensjahre ließen ihn die noch fehlenden Blüten finden. Nach Jahren klinischer Tests und Forschungen hatte Edward Bach keinen Zweifel mehr an der Wirksamkeit der neuen Blütenmittel.

Er schreibt:
> *„Die zwölf Arzneimittel, an denen ich die vergangenen fünf Jahre gearbeitet habe, erweisen sich in ihrer heilbringenden Wirkung als so wunderbar, und sie schenken so vielen sogenannt Unheilbaren die Gesundheit wieder, daß ich daran gehe, ihre Beschreibung ganz einfach zu gestalten, so daß sie von jedem Laien verwendet werden können."*

Am Ende war Bach überrascht, daß viele der früheren Ärztekollegen seine neuen Entdeckungen ignorierten und sogar drohten, ihm die Zulassung zu entziehen.

Sein Ziel war, daß sich die Menschen in ihrer Not selbst oder gegenseitig helfen können, ohne Studium, ohne Fachleute, ohne Erlaubnis.

Die entsprechenden Heilmittel dafür hinterließ er uns in seinem Lebenswerk.

> *„Das Geheimnis des Lebens besteht darin, unserer Persönlichkeit treu zu sein und Einmischungen von äußerlichen Einflüssen nicht zu dulden."*
>
> Edward Bach

An dieser Stelle möchte ich Ihnen einige Originalschriften von Edward Bach vorstellen, die Einblick in das Wesen der Bachblütentherapie geben.

Ein Auszug aus einem Brief weist auf sein Welt- und Menschenbild hin:

„Gott hat dir eine Individualität geschenkt. Er gab dir eine ganz eigene Persönlichkeit, einen Schatz, den du ganz für dich allein behalten solltest. Er gab dir ein Leben, das nur du allein führen kannst. Er stellte dich, ein göttliches Wesen, sein Kind, in diese Welt, damit du lernst, vollkommen zu werden, alles erreichbare Wissen zu erwerben, gütig und freundlich zu werden und anderen zu helfen."

„Folgten wir unserem eigenen Instinkt, unseren eigenen Wünschen, unseren eigenen Gedanken, unseren eigenen Verlangen, sollten wir nie etwas anderes kennenlernen als Freude und Gesundheit."

Über die Wirkung der Arzneien schreibt Edward Bach:

„Die Wirkung dieser Arzneien besteht darin, daß sie unsere Schwingungen anheben und unsere Gefäße für die Aufnahme unseres geistigen Selbst öffnen, daß sie unser Wesen mit der bestimmten Tugend erfüllen, derer wir bedürfen, und den Fehler hinauswaschen, der Schaden und Leid verursacht. Wie schöne Musik oder irgendetwas anderes Erhabenes, das uns Inspiration schenkt, sind sie imstande, unser innerstes Wesen zu erheben und uns unserer Seele näherzubringen. Dadurch schenken sie uns Frieden und lindern unser Leiden.

Sie heilen nicht durch einen Angriff auf die Krankheit, sondern indem sie unseren Körper mit den schönen Schwingungen unseres höheren, geistigen Wesens überfluten, in dessen Anwesenheit Krankheit hinwegschmilzt wie Schnee in der Sonne. Gesundheit ist da, wenn vollkommene Harmonie zwischen Seele, Gemüt und Körper herrscht. Diese Harmonie, und allein diese Harmonie, müssen wir erreichen, bevor eine Heilung erwirkt werden kann."

Zum Schluß möchte ich Ihnen den Krankheitsbegriff, wie Edward Bach ihn definiert, vorstellen:

„Krankheit des Körpers, wie wir sie kennen, ist ein Resultat, ein Endprodukt, ein letztes Stadium von etwas, das viel tiefer wurzelt. Krankheit entspringt oberhalb der körperlich-materiellen Ebene, näher der mentalen. Sie ist ganz das Resultat eines Konflikts zwischen unserem geistigen und dem sterblichen Selbst. Solange Harmonie zwischen diesen beiden Aspekten herrscht, sind wir vollkommen gesund; aber wenn es zu Dissonanzen kommt, folgt daraus das, was uns als Krankheit bekannt ist."

„Krankheit ist einzig und allein korrektiv: Sie ist weder rachsüchtig noch grausam, vielmehr ist sie ein Mittel, dessen sich unsere Seele bedient, um uns auf unsere Fehler hinzuweisen, um uns davor zu bewahren, größeren Irrtümern zu verfallen, um uns daran zu hindern, größeren Schaden anzurichten, und um uns auf jenen Pfad der Wahrheit und des Lichtes zurückzuführen, den wir nie hätten verlassen sollen."

Edward Bachs Gedanken zur Heilung:

„Beim wirklichen Heilen und in der spirituellen Entwicklung müssen wir immer danach streben, daß Gutes das Böse vertreibt, Liebe den Haß besiegt und Licht die Finsternis zerstreut."

Der Weg aus der Angst

Blumenseele

Der Sommer hatte gerade begonnen und die meisten Blumen auf der großen Wiese nahe dem Waldrand standen schon in voller Blüte. Eine Farben- und Blütenpracht wurde hier sichtbar, wie man sie nur selten bewundern kann. Es war schon ein besonderes Stückchen Erde, das die ganze Schönheit und Buntheit der Natur offenbarte. Kam einmal ein Wanderer vorbei, blieb er meist lange stehen, um die herrlichen Düfte und die schönen Schwingungen, die von dieser Wiese ausgingen, ganz in sich aufzunehmen.

Es mag vielleicht seltsam klingen und doch ist es wahr: Eine unter den vielen glücklichen blühenden Blumen getraute sich nicht aus ihrer Knospe heraus. Sie war eine besonders vorsichtige Blume. Sehr glücklich war sie über diesen Zustand selbst nicht, doch sie hatte niemals gelernt, mit ihrer Angst umzugehen. Viel hatte sie ja noch nicht von dieser Welt gesehen, und das, was sie in ihrer kleinen, begrenzten Wahrnehmung mitbekam, war nicht gerade ermutigend.

Wenn man zu früh blühte, konnte man in einer kühlen Nacht dem Frost zum Opfer fallen. Jetzt im Sommer waren es die Unwetter und Hagelschläge, die einen das Fürchten lehrten. Sie wollte gar nicht erst weiter darüber nachdenken, was sonst noch alles passieren könnte, denn Angst und Panik verspürte sie allein bei solchen Überlegungen. Die besonders schönen Blumen hingegen wurden gerne gepflückt und endeten in einer Vase. Auch das erschien der kleinen ängstlichen Knospe ein trauriges Ende.

Sie wußte wohl, daß sie nicht besonders mutig war, aber angesichts all der Gefahren, die rundherum lauerten und ihr Leben bedrohten, erschien ihr diese Angst wohlbegründet.

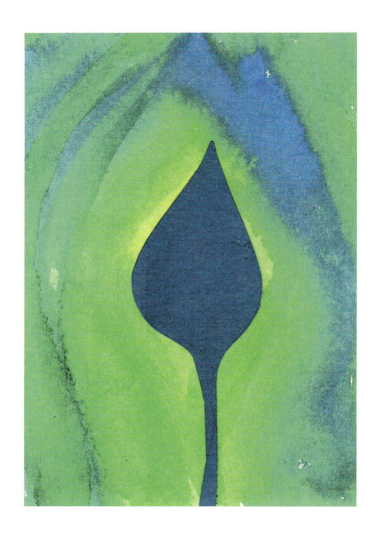

Eines Tages bemerkte sie, daß einige Blumen bereits verblüht waren und der Sommer allmählich seinem Ende zuging. Das machte sie sehr nachdenklich und unsicher. Sollte sie wirklich aus Angst vor möglichen Gefahren am eigentlichen Sinn ihres Blumenlebens vorbeigehen? Außerdem, sie war immer nur Knospe gewesen, darüber hinaus wußte sie gar nicht, wer sie eigentlich war, wie sie aussah, welchen Duft sie verströmte. Mehr noch, ihr ganzes Wesen blieb ihr und auch anderen verborgen.

Bei diesen Gedanken wurde sie sehr traurig, denn das wäre wohl das schlimmste Ende für sie, ein Ende, an welches sie noch nie zuvor gedacht hatte. Als sie das erkannte, brachen all ihre aufgestauten Gefühle und Ängste, die inzwischen für sie unerträglich geworden waren, aus ihr hervor, und sie weinte sich zum erstenmal in ihrem Leben den Kummer von der Seele. Wie es nun weitergehen sollte, wußte sie nicht.

Gerade in dem Moment kamen ein kleines Mädchen und dessen Mutter an ihr vorbei. Das Mädchen beugte sich zu der Knospe hinunter und rief seiner Mutter zu: „Mama, schau mal! Da ist noch eine ganz kleine Knospe, wo doch die meisten Blumen schon verblüht sind. Wenn die erst einmal blüht, dann ist sie bestimmt besonders schön".

Die Knospe war tief berührt von den Worten des kleinen Mädchens. Da gab es jemanden, der nicht einen Moment lang an ihrer Entfaltung und Schönheit zweifelte. Jetzt erst wußte sie, daß die größten Gefahren nicht in der Umgebung zu suchen sind, sondern einzig und allein im eigenen Herzen.

Was sie gehört hatte, gab ihr neue Hoffnung, ihre eigenen Ängste zu überwinden. Sie sah die Dinge jetzt ganz anders, und so wurde aus der Hoffnung allmählich Glaube und Vertrauen.

Eines Morgens, als die Sonne ihr Morgenrot wie einen wärmenden, schützenden Mantel über den ganzen Horizont ausbreitete, sprengte die Knospe ihre eigenen begrenzenden Mauern, und sie wurde zu einer wunderschönen, strahlenden Blume, einer Blume die wußte, daß Angst nur durch Vertrauen besiegt werden kann.

Heilmittel für jene, die Angst haben:

ROCK ROSE
Gelbes Sonnenröschen
Helianthemum nummularium

Findet in Notfällen seine Anwendung, wenn große Angst, Schrecken und Panik vorherrschen, die Beschwerden plötzlich eintreten, bzw. die Situation verzweifelt erscheint und auch andere Anwesende von dieser Angst ergriffen werden. Bei Bewußtlosigkeit kann man die Lippen oder die Schläfen mit dieser Blütenessenz benetzen.

Die Blütenessenz hilft:

- während akuten Krisen und in Notfällen geistesgegenwärtig und ruhig zu bleiben
- Überreaktionen wie etwa Ausrasten zu verhindern
- auf Gottes Schutz zu vertrauen

Lernaufgabe: Mut – Beruhigung

Positive Leitsätze:

„Ich begegne meiner Angst mit Gelassenheit."
„Ich behalte meine innere Ruhe."
„Es wird alles gut."

MIMULUS
Gefleckte Gauklerblume
Mimulus guttatus

Wird bei Ängsten des täglichen Lebens wie etwa Krankheit, Unfall, Armut, Dunkelheit, Gewitter, Flugangst, Angst vor Tieren oder einem Arztbesuch, usw. eingesetzt. Es sind die konkreten, weltlichen Ängste, die diese sensiblen Menschen quälen, die sie aber nicht immer aussprechen.

Die Blütenessenz hilft:

- die eigene Ängstlichkeit und Schreckhaftigkeit zu überwinden, um authentisch handeln zu können
- schwierige Lebenssituationen selbstsicher und eigenverantwortlich zu meistern
- Situationen, die man fürchtet, mutig und ruhig zu bewältigen

Lernaufgabe: Zuversicht – Vertrauen

Positive Leitsätze:

„Zuversicht kennt keine Angst."
„Ich vertraue auf meine Stärken."
„Ich wachse über mich selbst hinaus."

CHERRY PLUM
Kirschpflaume
Prunus cerasifera

Für jene, die fürchten, den Verstand bzw. die Kontrolle über die eigenen Handlungen zu verlieren.

Diese Menschen stehen unter derart großen inneren Spannungen, daß sie befürchten, Dinge zu tun, die sie selbst als falsch erkennen.

Die Blütenessenz hilft:

- extreme innere Spannungen und Verkrampfungen loszulassen
- sich ohne Angst zu öffnen, damit Gefühle tatsächlich erlebt und nicht aufgestaut werden
- hereinbrechende Emotionen besser zu verstehen und konstruktiv zu bewältigen
- Ruhe und Gelassenheit zu bewahren

Lernaufgabe: Gelassenheit

Positive Leitsätze:

„Ich habe den Mut, mich zu öffnen und tief in mein Unterbewußtsein einzutauchen."
„Ich lasse alle Kräfte in mir fließen."
„Ich bin innerlich völlig entspannt."

ASPEN
Espe
Populus tremula

Für jene, die an vagen, unerklärlichen Ängsten leiden, die Tag und Nacht vorhanden sein können.

Es sind die Ängste, die nicht faßbar und begründbar sind, (wie etwa Zukunftsangst, Angst vor Geistwesen, Dämonen, Angst vergiftet zu werden, Angst vor Überfällen, körperlicher Gewalt, Alpträumen etc.) und meist sprechen die Betroffenen ihre Ängste nicht offen aus.

Die Blütenessenz hilft:

- weniger Angst vor Mystik und okkulten Phänomenen zu haben
- vage Befürchtungen und unerklärliche Ängste besser verstehen und überwinden zu können
- Gelassenheit und Vertrauen zu entwickeln
- der eigenen Angst furchtlos zu begegnen

Lernaufgabe: Zuversicht

Positive Leitsätze:

„Ich gehe furchtlos meinen Weg."
„Ich vertraue mich meiner göttlichen Führung an."
„Ich begegne meiner Angst mit Zuversicht und Stärke."

RED CHESTNUT
Rote Kastanie
Aesculus carnea

Für jene, die sich ständig um das Wohl anderer ängstigen und sich viele Sorgen machen, weil sie kein Vertrauen in die göttliche Führung haben. Diese Menschen leiden viel und leben in ständiger Angst, etwas Schlimmes könne „ihren Lieben" zustoßen.

Die Blütenessenz hilft:

- die übertriebenen Ängste und Sorgen um nahestehende Menschen abzulegen
- den anderen mit positiven Gedanken zu unterstützen
- das Leben nahestehender Menschen weniger mitzuleben
- auf Gottes Schutz zu vertrauen

Lernaufgabe: Nächstenliebe

Positive Leitsätze:

„Ich bin frei von Angst und Sorge."
„Es entwickelt sich alles folgerichtig."
„Ich weiß, daß jeder Mensch göttlich beschützt ist."

Der Weg aus der Unsicherheit:

Offenheit

Die nächsten Tage waren wunderschöne, laue Spätsommertage, und die Blume genoß diese Zeit in vollen Zügen. Sie hätte nie gedacht, daß sie jemals in ihrem Leben solch eine Glückseligkeit erleben würde.

An ihren prächtigen, satten Farben und ihren weit geöffneten Blütenblättern konnte man schon von ferne erahnen, welche Lebensfreude sie durchflutete. Das bemerkten natürlich auch die anderen Blumen auf der Wiese, die staunend die Veränderung ihrer Mitblume beobachteten. Sie rätselten heimlich und überlegten intensiv, welches Ereignis hier wohl stattgefunden habe – vielleicht ein Wunder?

Da faßte sich die kleinste unter ihnen ein Herz und fragte die Blume nach ihrem Geheimnis, worauf diese ihre ganze Geschichte erzählte. Sie berichtete von ihren Ängsten und Sorgen und beschönigte nichts. Staunend horchten alle zu. Sie hätten nicht gedacht, daß es so schwierig sein könnte, sich zum Blühen zu entschließen. Das war doch ihre Aufgabe. Niemanden ließ diese Geschichte unberührt. Es hatte doch keine geahnt, wie es in ihrer Nachbarin wirklich ausgesehen hat. Vielleicht hätte ein tröstendes Wort sie schon viel früher zum Blühen gebracht. Niemals wieder sollte es vorkommen, daß eine unter ihnen mit ihren Ängsten allein bleibt. Das nahmen sie sich ganz fest vor. So freuten sich die letzten Blumen, die auf der Wiese noch blühten aus ganzem Herzen über die Wandlung ihrer Kameradin.

Der betörende Duft und die Schönheit ihrer Blüte lockte aber auch die letzten herumfliegenden Bienen an. Die Blume hatte sich noch gar keine Gedanken darüber gemacht, wie es mit ihr weitergehen solle. Nach dieser glückseligen Phase ihrer Selbstentfaltung begann sie wieder nachdenklich zu werden. Die unterschiedlichsten Gefühle und Empfindungen tauchten jetzt in ihr auf. Sie spürte auch, wie Zweifel in ihr hochstiegen. Unruhe breitete sich in ihrem Herzen aus. Sie war verunsichert, vielleicht sollte sie ihre Blütenblätter wieder schließen. Denn was würde passieren, wenn sich eine Biene ihren Nektar holt? Vielleicht würde das weh tun? Was, wenn die Biene nicht sanft mit ihr umging? Überhaupt, welche Folgen hätte das für sie? Nein, ein solches Risiko wollte sie auf gar keinen Fall eingehen. Das sollte ihr nicht passieren. Lieber wollte sie freiwillig ihre Blätter abwerfen, oder wieder Knospe werden, bevor sie einer Biene zum Opfer fiele.

Andererseits wirkten die anderen Blumen keineswegs unglücklich, auch wenn die Bienen ihren Nektar aufgesaugt hatten. Irgendwie wirkten sie fröhlich und zufrieden. Eigentlich, so dachte sich die Blume, könnte sie auch ganz gut ohne ihren Nektar auskommen und bestimmt ist es schön, jemandem eine Freude zu machen, mehr noch, jemanden zu nähren, Leben zu spenden. Ganz eigenartig wurde ihr bei diesen Gedanken zumute. Und überhaupt, was bedeutet es, sich in den Kreislauf der Natur einzufügen? Diese Worte hatte sie von ein paar Wanderern aufgeschnappt, die vor kurzem hier an der Wiese vorbeikamen und die ihre schöne Blütenpracht bewundert hatten. All diese Fragen beschäftigten sie intensiv, doch sie konnte ihre Gedanken und widersprüchlichen Empfindungen noch nicht ordnen. Sie war verwirrt und verunsichert. Was sollte sie bloß tun?

Sie war doch die letzten Tage sehr glücklich gewesen, so glücklich, daß ihre kleine Blumenseele völlig durchflutet wurde von diesem schönen Gefühl. Jetzt wieder zumachen, sich in ihre Knospe verkriechen?

Sie fühlte sich zwischen zwei Möglichkeiten hin- und hergerissen, doch sie konnte sich zu keiner Entscheidung durchringen. Sie überlegte schon, ob sie vielleicht eine angesehene, eine kompetente Blume um Rat fragen solle. Doch dieser Gedanke schien ihr dann doch nicht so gut. All diese Überlegungen kosteten sie eine Menge Kraft, sodaß sie sich inzwischen körperlich und seelisch sehr erschöpft fühlte und in Hoffnungslosigkeit zu versinken drohte.

Die anderen Blumen merkten jetzt auch, daß ihre Freundin sehr nachdenklich geworden war, und sie fragten sie nach dem Grund. Da erzählte sie von ihren Bedenken. Niemand lachte sie aus, alle hörten aufmerksam zu, zeigten Mitgefühl und Verständnis, und während die Blume noch den anderen erzählte, wußte sie plötzlich ganz genau, was noch zu tun war.

Viel zu leicht hatte sie sich entmutigen und von ihrer eigentlichen Lebensaufgabe abbringen lassen. Aber schon einmal hatte sie den Mut gefunden, sich zu öffnen, sie selbst zu werden, und welche Freude hatte sie dadurch erlebt.

Am nächsten Tag, gleich nach dem Erwachen, öffnete sie ihre Blütenblätter noch eine Spur weiter, so weit sie konnte. Mit dieser Geste lud sie andere ein, bei ihr Platz zu nehmen, sich auszuruhen, sich das zu nehmen, was sie selbst nicht mehr benötigte. Sie war nun offen bis in die tiefsten Bereiche, denn sie hatte mit ihrer Reife den Zyklus des Lebens begriffen. Von nun an gab es nichts mehr, was sie verunsichern konnte, denn sie hörte nur noch auf die Stimme ihres Herzens.

Wachsen – Selbstentfaltung – Offenheit – Vereinigung – Transformation – das war es, was sie gelernt hatte und was ihre Seele reifen ließ. Und durch ihre Offenheit und Weisheit wird hier nächstes Jahr wieder eine neue Blumenseele ins Leben treten, denn vieles hat sie gelernt und vieles hat sie gelehrt, die Blume auf der Wiese.

Heilmittel für jene, die an Unsicherheit leiden

CERATO
Bleiwurz
Ceratostigma willmottiana

Für jene, die unsicher sind, an ihren eigenen Fähigkeiten und Begabungen zweifeln und deshalb andere ständig um Rat fragen. Es sind Menschen, denen das Vertrauen in die eigenen Entscheidungen fehlt. Oft sind sie von der Meinung anderer (Autoritäten) abhängig, was nicht immer zu ihrem Besten ist.

Die Blütenessenz hilft:

- intuitiv die richtigen Entscheidungen zu treffen
- die Ratschläge anderer Menschen kritisch zu hinterfragen und mehr auf die eigene innere Stimme zu hören
- die innere Weisheit anzunehmen und zu leben
- hereinströmende Informationen besser zu verarbeiten und klug anzuwenden

Lernaufgabe: Öffnung für Intuition

Positive Leitsätze:

„Der erste Impuls ist immer der richtige. Er soll mich von nun an führen."
„Ich finde die richtige Antwort in mir."
„Ich spüre selbst, was gut und richtig ist."

SCLERANTHUS
Einjähriger Knäuel
Scleranthus annuus

Für jene, denen es schwer fällt, zwischen zwei Möglichkeiten eine Entscheidung zu treffen. Es handelt sich im allgemeinen um stille Menschen, die unter ihrer Unentschlossenheit und ihrem schnellen Meinungswechsel leiden, die aber nicht mit anderen darüber sprechen wollen.

Die Blütenessenz hilft:

- Unentschlossenheit und Unsicherheit abzulegen
- die rechte Mitte zu finden und nicht länger zwischen zwei Extremen hin- und herzuschwanken
- viele Möglichkeiten im Leben zu integrieren und trotzdem das innere Gleichgewicht zu halten
- mit Sicherheit die richtige Entscheidung zu treffen

Lernaufgabe: Entscheidungskraft – innere Balance

Positive Leitsätze:

„Ich bin vollkommen in meiner Mitte."
„Ich behalte den Überblick."
„Ich erkenne die Einheit in der Vielfalt."

GENTIAN
Bitterer Enzian
Gentiana amarella

Für jene, die schnell entmutigt sind. Selbst wenn sie in ihren persönlichen täglichen Angelegenheiten gut vorankommen, lassen sie schon die kleinsten Hindernisse zweifeln und mutlos werden. Auch die geringsten Verzögerungen in einem sonst sehr guten Genesungsprozeß lassen diese Menschen pessimistisch und verzagt werden.

Die Blütenessenz hilft:

- alle Bedenken und Zweifel über Bord zu werfen
- Pessimismus in Glauben zu verwandeln
- Krisen als Entwicklungschance zu betrachten, die Mut und Zuversicht erfordern, um positiv bewältigt werden zu können
- ausdauernder zu werden und nicht so leicht „die Flinte ins Korn" zu werfen

Lernaufgabe: Glaube – Optimismus

Positive Leitsätze:

„Ich entwickle positive, liebevolle Filme in mir."
„Ich erkenne hinter allen Dingen den tieferen Sinn."
„Ich bin wieder voller Zuversicht und Stärke."

GORSE
Stechginster
Ulex europaeus

Für jene, die völlig hoffnungslos sind und im innersten ihres Herzens den Glauben an jede Hilfe längst aufgegeben haben. Auf das Drängen von Familienmitgliedern oder anderen nahestehenden Personen versuchen sie manchmal noch eine weitere Behandlungsmethode. Dabei versichern sie meist mit Nachdruck, daß auch diese Bemühung die „erhoffte" Erleichterung nicht bringen wird.

Die Blütenessenz hilft:

- Vertrauen zu haben, daß alle Schwierigkeiten lösbar sind
- an die geistige und seelische Genesung zu glauben
- an die Gnade Gottes zu glauben
- vertrauensvoll in die Zukunft zu blicken

Lernaufgabe: Glaube – Hoffnung

Positive Leitsätze:

„Ich bin voller Hoffnung."
„Ich glaube an Erfolg und Heilung."
„Jeder Tag ist eine Herausforderung. Ich gebe nicht auf."

HORNBEAM
Hainbuche
Carpinus betulus

Für jene, die körperlich und seelisch erschöpft sind und meinen, die täglichen Aufgaben nicht bewältigen zu können. Üblicherweise können sie diese dann doch ganz gut erledigen. Es ist auch ein gutes Heilmittel für jene, die meinen, ohne eine körperliche oder seelische Stärkung ihr Tagewerk nicht vollbringen zu können.

Die Blütenessenz hilft:

- die täglichen Pflichten mit neuem Elan zu bewältigen
- interessante Aufgaben wahrzunehmen und wieder wach zu werden
- aus dem Alltag und der Routine auszubrechen, wenn es erforderlich ist
- spontanen Einfällen einfach nachzugeben

Lernaufgabe: Freude – Lebendigkeit

Positive Leitsätze:

„Ich beginne den Tag mit Freude."
„Ich gehe schwungvoll durchs Leben."
„Mein Alltag wird belebt von neuen Impulsen, die ich freudig annehme."

WILD OAT
Waldtrespe
Bromus ramosus

Für jene, die sehr ehrgeizig sind und etwas Großes im Leben vollbringen wollen. Sie möchten sich am Leben freuen, es genießen und viele neue Erfahrungen sammeln.

Diese Menschen können sich aber oft nicht entscheiden, welcher Aufgabe sie nachgehen sollen, da sie ihre eigentliche Berufung noch nicht gefunden haben, was zu Verzögerungen und Unzufriedenheit führt.

Die Blütenessenz hilft:

- die persönliche Lebensaufgabe zu finden
- klare Zielvorstellungen zu haben
- seine vielseitigen Talente zu nutzen, ohne sich dabei zu verzetteln
- Wichtiges von Unwichtigem zu unterscheiden

Lernaufgabe: Erkennen der eigenen Berufung – Klarheit

Positive Leitsätze:

„Ich sehe klar, was gut und richtig ist."
„Ich habe meine Lebensaufgabe erkannt."
„Ich folge meiner geistigen Führung."

Der Weg aus der Einsamkeit

Bert und Kai, das Spatzenpaar

Vor langer, langer Zeit lebte in einem kleinen Wald nahe an einem Berghang eine sehr alte und weise Eule. Es war wirklich eine besondere Zeit, denn die Menschen kannten noch keinen Lärm und keine Hektik, die Kinder durften noch laut lachen und unbeschwert miteinander spielen.

Am Waldrand hatte sich ein Schwarm Spatzen niedergelassen. Es war eine fröhliche, ausgelassene Schar, und die kleinen, aufgeweckten Vögel waren auch bei den übrigen Tieren des Waldes wegen ihrer Geselligkeit besonders beliebt. Viele Neuigkeiten konnten die geschwätzigen Spatzen den anderen Waldbewohnern berichten, denn auf ihren weiten Reisen hatten sie schon vieles gehört und erlebt. Freilich waren die Abenteuer, die sie zum besten gaben, ein wenig aufgebauscht und manche allzu ungewöhnliche Geschichte nur erfunden, und doch lauschten alle Besucher mit offenem Mund und leichtem Herzklopfen den Erzählungen der Spatzen. So vergingen die schönen Sommertage sehr schnell.

Ein besonders ungewöhnliches Spatzenpaar gab es unter dem Schwarm. Es handelte sich dabei um zwei Brüder – eineiige Zwillinge – und so etwas kam vielleicht alle hundert Jahre in einer Spatzenfamilie vor. Äußerlich unterschieden sie sich nicht im geringsten Merkmal voneinander, doch ihr Wesen war völlig unterschiedlich, und das hatte es bisher noch nie gegeben.

Eigentlich hießen die beiden Bert und Kai, aber wenn sie nicht anwesend waren, nannten die anderen sie oft „Denker" und „Schwätzer". Obwohl diese Namen nur heimlich gebraucht wurden, gab es kaum eine treffendere Beschreibung für das Wesen dieser beiden Vögel.

Kai, „der Schwätzer", war sehr impulsiv und konnte sehr aufbrausend und zornig werden, wenn etwas nicht nach seinem

Kopf oder seinem Tempo entsprechend voranging. Außerdem hörte er sich selbst gerne und viel reden. Viele Vögel mochten diese aufbrausende, aufdringliche Art nicht, denn es war auf die Dauer sehr anstrengend, ihm immer zuzuhören, zumal er die anderen kaum zu Wort kommen ließ. So kam es, daß ihn die Spatzen immer mehr mieden und ausgrenzten, worunter Kai sehr litt. Er brauchte ständig Gesellschaft und konnte die Einsamkeit, in die er immer mehr gedrängt wurde, kaum ertragen.

Da ging es seinem Bruder Bert, „dem Denker" ganz anders. Er war ein stiller, ruhiger Vogel von freundlichem Gemüt. Man schätzte ihn als begabten, talentierten Vogel, aber es fühlten auch viele, daß er irgendwie nicht ganz in den Schwarm paßte.

Er zog sich gerne zurück und genoß diese Ruhe und die Zeit, die er mit sich selbst verbrachte. Sprach man ihn an, so war er stets höflich und zuvorkommend, doch eine echte, herzliche Freundschaft wollte Bert nicht zulassen. Die anderen Spatzen wunderten sich ein wenig über sein Verhalten, das bei einem Vogel selten vorkam, doch sie machten sich keine weiteren Gedanken darüber und ließen ihn in Ruhe.

Das führte dazu, daß nach einiger Zeit die beiden Brüder Bert und Kai in völliger Isolation lebten, aber beide wußten nichts voneinander.

Kai hielt sich oft in der Nähe der Spatzen auf und beobachtete ihr munteres Treiben. Gerne wäre er auch dabei gewesen, doch er getraute sich nicht mehr zurück zum Schwarm, denn alle gingen ihm aus dem Weg und keiner mochte mit ihm reden.

Er kam gar nicht erst auf den Gedanken, daß vielleicht seine eigene Verhaltensweise ihn in diese unerträgliche Situation gebracht hatte. Wie ein Häufchen Elend saß er da, abgemagert, mit herunterhängenden Flügeln, und nicht einmal die warmen Sonnenstrahlen vermochten ihn aufzuheitern.

Plötzlich raschelte es hinter ihm. Erschrocken drehte sich der kleine Spatz um und erblickte einen Igel. Er konnte es kaum glauben als der Igel zu ihm sprach: „Ich sehe dich schon lange hier sitzen. Du siehst so traurig aus. Warum bist du nicht bei den anderen Spatzen? Hast du vielleicht Kummer?"

Nun begann der kleine Vogel hemmungslos zu weinen, so aussichtslos kam ihm seine eigene Lage vor. Ja, es wurde ihm bewußt, daß er eigentlich in einem Gefängnis lebte, auch wenn er alle Freiheiten hatte. Er faßte seinen ganzen Mut zusammen und erzählte dem Igel, was ihn so bedrückte. Er erzählte ihm, wie gerne er in der Gruppe leben würde und wie sehr ihm das einsame Leben zu schaffen machte. Gerne hätte er mit den anderen mitgelacht, seine Gedanken und Erlebnisse mit jemandem geteilt. Wie schön müßte es wohl sein, einen Freund zu besitzen, von jemandem wahrgenommen zu werden, mit jemandem Gefühle teilen zu können. Der Igel horchte aufmerksam zu, denn der kleine Vogel, in dessen Augen noch immer Tränen standen, tat ihm leid. Ein wenig leichter war dem Spatzen nun schon ums Herz, doch die Lösung des Problems war noch immer nicht in Sicht.

Da erzählte ihm der Igel von einer alten Eule, die hier im Wald lebte. Zur Dämmerstunde kamen immer jene Tiere des Waldes zu ihr, die Rat suchten. Die Eule war sehr klug und konnte jedem Tier eine Lebensweisheit mit auf den Weg geben. Nicht immer wurden ihre Botschaften sofort verstanden. Oft waren sie verschlüsselt, aber vielen Tieren hatte sie auf diese Art und Weise schon weitergeholfen.

Außerdem erzählte ihm der Igel, daß hier im Wald noch ein Vogel wohnte, der genauso aussah wie er. Kai wurde ganz aufgeregt. Das mußte sein Bruder Bert sein.

Kai wollte nun wissen, wie es seinem Bruder ging, und zum ersten Mal in seinem Leben war ihm das Wohlergehen eines anderen wichtiger als das eigene.

Der Igel erzählte ihm, daß Bert auch sehr unglücklich war. Bert hatte zwar für sich die Ruhe und Einsamkeit gesucht und gebraucht, doch irgendwann genügte ihm die eigene Besonderheit nicht mehr. Er begann sich nach Nähe und Freundschaft zu sehnen, aber er sah keinen Weg, das zu erreichen. So hatte auch er beschlossen, an diesem Abend zur Eule zu gehen und sie um ihren weisen Rat zu bitten.

Ihre Herzen schlugen ein wenig schneller, als die nächste Dämmerstunde kam. Beide machten sich auf den Weg und näherten sich zaghaft der Eule. Diese sah sie schon von weitem aus verschiedenen Richtungen näherkommen, und an ihrer ganzen Erscheinung konnte sie bereits erkennen, was den beiden Spatzen fehlte. Schüchtern und ehrfurchtsvoll grüßten sie die Eule. Diese sagte zu ihnen: „Ich kenne euer Problem, ihr traurigen, einsamen Vögel. Deshalb gebe ich jedem von euch nur eine Botschaft mit auf den Weg. Wenn ihr sie beherzigt, dann könnt ihr bald wieder fröhlich sein." Die Spatzen wurden neugierig: „Was ist das für eine besondere Botschaft?"

Die Eule antwortete ihnen mit folgenden Worten: „Du Kai, übe dich in geduldigem Zuhören und spüre, welche Befriedigung das für dich sein kann, und du Bert, reiße alle Mauern nieder, die dich von den anderen Vögel trennen und ihre Freundschaft ist dir gewiß. Je mehr du von deinen Gefühlen zeigst, desto besser können sie von den anderen erwidert werden. Nun geht zu den anderen zurück und handelt nach meinen Worten."

Die beiden Spatzen waren ganz verwirrt und noch ein wenig skeptisch. Es klang alles so schön und so einfach, fast zu einfach um wahr zu sein. Aber vielleicht ist das Leben viel unkomplizierter als sie je gedacht hatten. Sie bedankten sich bei der Eule für die Hilfe, und als sie zurückkamen fanden sie wieder Mut, sich zu den anderen zu gesellen. Diese nahmen die beiden auf als ob sie nie weggewesen wären, und bald konnten sie sich wieder am Gemeinschaftsleben beteiligen.

Niemand hatte sie je wieder „Schwätzer" oder „Denker" genannt, denn die beiden Brüder hatten in der Einsamkeit viel gelernt. Den Rat der Eule hatten sie begriffen und beherzigt, denn sie war es, die sie gelehrt hatte, daß jene Situationen im Leben, die man als Unglück oder Unrecht betrachtet, in den eigenen Denk- und Verhaltensweisen ihren Ursprung haben. Es liegt also immer in der eigenen Hand, sein Schicksal zu verändern. So wurden Bert und Kai zu einem glücklichen Geschwisterpaar, das es verstand, die Lebensfreude und Liebe, die in den Herzen wohnte, bis in ihr hohes Alter weiterzugeben.

Heilmittel für jene, die an Einsamkeit leiden

WATER VIOLET
Sumpfwasserfeder
Hottonia palustris

Für jene, die sich gerne zurückziehen und lieber allein sind. Es sind unabhängige und selbstsichere Menschen, die sich nur wenig von den Ansichten anderer beeinflussen lassen. Das stille, zurückhaltende Wesen dieser oft talentierten Menschen kann zum Segen für ihre Umwelt werden, wenn diese Ruhe dem inneren Frieden der Seele entspricht und nicht Ausdruck des Verschließens und Abkapselns von der Umgebung ist.

Die Blütenessenz hilft:

- toleranter und offener anderen Menschen zu begegnen
- sich ganz auf andere einzulassen, ohne Überheblichkeit
- unbefangen und unbeschwert am Leben teilzunehmen
- eigene Gefühle zu spüren und Emotionen zu zeigen

Lernaufgabe: Freundschaft – Demut

Positive Leitsätze:

„Ich bin mit allem verbunden, in alles eingebunden."
„Ich öffne mein Herz für meine Freunde und Bekannten."
„Ich sprenge die Grenzen in mir."

IMPATIENS
Drüsentragendes Springkraut
Impatiens glandulifera

Für jene impulsiven, ungeduldigen Menschen, die ein enormes Tempo in ihrem Denken und Handeln zeigen. Auch im Krankheitsfall versuchen sie, möglichst schnell wieder zu genesen.

Es fällt ihnen schwer, Geduld und Verständnis für jene Menschen aufzubringen, die langsamer in ihrem Denken und Tun sind als sie selbst.

Häufig versuchen sie, die anderen in ihren Aktivitäten zu beschleunigen. Gelingt das nicht, arbeiten sie lieber allein, um ihrem eigenen raschen Rhythmus gerecht zu werden.

Die Blütenessenz hilft:

- jedem sein eigenes Tempo zu lassen
- abzuwarten und den Dingen ihren Lauf zu lassen
- innere Ruhe und Gelassenheit zu finden
- behutsamer mit sich und anderen umzugehen

Lernaufgabe: Geduld – Sanftmut

Positive Leitsätze:

„Ich gebe den Dingen die nötige Zeit zur Entwicklung."
„Ich finde das richtige Tempo in mir."
„Ich lebe in die Tiefe."

HEATHER
Schottisches Heidekraut
Calluna vulgaris

Für jene, die schwer allein sein können und aus diesem Grund ständig Gesellschaft brauchen. Sie sind sehr unglücklich, wenn sie ihre eigenen Beschwerden und seelischen Nöte nicht mit anderen Menschen besprechen können.

Ihr Verhalten gleicht oft dem des bedürftigen Kleinkindes, das immer im Mittelpunkt stehen will und dadurch andere völlig auslaugt.

Die Blütenessenz hilft:

- seine eigenen Probleme weniger wichtig zu nehmen
- sich zurückzunehmen, um anderen Menschen offener begegnen zu können
- in sich selbst Geborgenheit zu finden
- liebes- und beziehungsfähiger zu werden
- die Bedürfnisse anderer Menschen vermehrt wahrzunehmen

Lernaufgabe: Einfühlsamkeit – Zuhören

Positive Leitsätze:

„Ich finde Liebe in mir selbst."
„Ich warte ab, was auf mich zukommt."
„Ich übe mich im Zuhören."

Der Weg, um im Hier und Jetzt zu leben

Die alte Buche

In einem kleinen Wald, nahe an einem See, stand einst eine große, schöne Buche. Sie war schon sehr alt und dennoch strahlte sie eine Lebensfreude und Vitalität aus, wie man das nur selten sehen konnte.

Es war schon ein besonders schöner Ort, an dem sie sich entfaltet hatte. Hier an der Waldlichtung war sie einerseits eingebettet in die Geborgenheit des Waldes, andererseits genoß sie aber auch die herrliche Landschaft und den freien Ausblick bis weit hinaus auf den See. Vor allem aber liebte sie die Dämmerstunde, jenen kurzen Augenblick, an dem die Sonne sich am Horizont neigte und ihre orangeroten wärmenden Strahlen zum Ausklang des Tages noch einmal allen Lebewesen schenkte.

Obwohl die Buche in ihrem langen Erdenleben schon unzählige Sonnenuntergänge miterleben durfte, erfüllte dieses Wunder der Natur ihr Herz immer wieder mit Wärme und Freude.

War sie wirklich einmal betrübt oder zu nachdenklich, gelang es der Abendsonne immer, der alten Buche ihre wärmenden Strahlen zu schicken und ein Lächeln in ihr Herz zu zaubern. Dann erst verschwand die Sonne, und auch sie freute sich, wußte sie doch, daß dieser Baum immer offen war, ihr Licht zu empfangen.

Eines Tages jedoch geschah etwas, was das Leben der glücklichen Buche völlig verändern sollte. Es war noch ziemlich früh am Morgen, als sie von weiter Ferne her ein eigenartiges Dröhnen wahrnahm. Sie dachte nicht weiter darüber nach und freute sich wie an jedem Morgen auf den bevorstehenden Sommertag. Ihre Gedanken schweiften in die Zukunft, denn sie liebte es, ein wenig vor sich herzuträumen und neue Pläne zu schmieden. Bald jedoch wurde sie vom lauter werdenden Dröhnen wachgerüttelt. Jetzt konnte sie auch verschiedene Maschinen und Traktoren erkennen, die sich dem Wald näherten. Ihr Herz schlug laut und aufgeregt, als sich dieser seltsame Arbeitszug näherte. Was das bloß bedeuten sollte?

Jetzt stieg der Mann vom Traktor. Er ging auf mehrere Bäume zu und zeichnete ein weißes Kreuz auf ihren Baumstamm. Bald begriff die Buche den Sinn dieser Handlung und war entsetzt und verzweifelt über das, was sie nun miterleben mußte. Die Männer kamen mit Kettensägen und schnitten die gekennzeichneten Bäume alle um, luden sie auf ihre Lastwagen und fuhren davon. So ging das einige Tage weiter, bis der Wald fast zur Gänze abgeholzt war.

Die alte Buche war so erschüttert, daß sie nicht einmal mehr weinen konnte. Sie konnte die Menschen nicht mehr verstehen, die einen ganzen Wald einfach vernichteten, um ihre maßlosen Bedürfnisse zu befriedigen. Bis jetzt war sie allen Menschen ein guter Freund gewesen. Oft schon hatte sich ein Liebespärchen in ihrem Schatten ausgeruht. Zärtliche Worte und liebevolle Gesten hatte sie dann zwischen den Liebenden wahrgenommen, und sie hatte sich mit jedem über sein Glück gefreut. Bis jetzt kannte sie nur dieses freundliche Menschenbild.

An jenem Abend war sie so traurig, daß nicht einmal die Sonne mit ihren wärmenden Abendstrahlen ihren Kummer vertreiben konnte. Daran änderte sich auch in den nächsten Tagen nichts. Im Gegenteil, die Buche wurde immer trauriger, ließ ihre Blätter lustlos hängen und fand keine Freude mehr am Leben. Ihre Gedanken kreisten immer wieder um jenes schreckliche Erlebnis, das ihr solche Seelenqual bereitete. Sie wurde

immer stiller und bald verlor sie zur Gänze das Interesse an der Gegenwart.

Da stand sie nun, ein Häufchen Elend, ganz stumm und ausdruckslos, mit fest verschlossenem Herzen und dachte nur noch an ihre glückliche Vergangenheit. Bald verlor sie jegliches Gefühl für Raum und Zeit. Sie merkte kaum, ob Frühling, Sommer oder gar schon Spätherbst war. Im Winter versank sie in einen tiefen, traumlosen Schlaf, und gleich nach dem Frühlingserwachen versank sie in ihre eigene Phantasiewelt. Sie konnte und wollte nichts mehr an der Gegenwart schön finden. So merkte sie nicht, daß sie inzwischen nur noch der leblose Schatten ihrer Vergangenheit war.

An einem besonders schönen Sommertag, die Ferien hatten gerade begonnen, spazierte eine junge Familie den schmalen Weg entlang, der direkt unter der Buche vorbeiführte. Die beiden Kinder wirkten schon erschöpft und so entschlossen sich die vier Wanderer, im Schatten der Buche ein wenig auszurasten. Der alte, müde Baum bemerkte sie kaum, denn seine Gedanken kreisten ausschließlich um die gute alte Zeit.

So bemerkte er auch nicht, wie die beiden Kinder inzwischen fröhlich miteinander spielten. Nach einer Weile aber blickte das kleine Mädchen die große Buche nachdenklich an, denn dieser Baum hier sah anders aus als manch ein Baum, den es zuvor schon gesehen hatte. Er wirkte so kraftlos und traurig. Das Mädchen empfand Mitleid aber wußte nicht, wie es ihm am besten helfen konnte. Da horchte es einfach auf seine innere Stimme, die ihm immer in schwierigen Situationen weiterhalf. Auch fand diesesmal das Mädchen die richtige Antwort. Mit einem Lächeln ging es auf den Baum zu und umarmte ihn sanft und liebevoll.

Zuerst schien die Buche das Mädchen noch immer nicht zu bemerken, aber dann wurde sie langsam durch die sanften, warmen Kinderhände, die sie berührten, aus ihren Vergangenheitsträumen zurück in die Gegenwart geholt. Was war das? Nein, sie träumte nicht! Fast hätte sie vor lauter Träumen diesen wunderschönen Augenblick versäumt. Sie hatte ja gar nicht mehr damit gerechnet, noch irgendetwas Schönes zu erleben.

Die Buche war ganz außer sich und die widersprüchlichsten Gefühle kamen jetzt in ihr hoch: Wut auf die Menschen, die ihr so viel Leid zugefügt hatten, aber gleichzeitig fühlte sie auch, wie die Umarmung des Mädchens sie versöhnte und ihr neue Kraft gab. Freundlich und zärtlich sprach das Mädchen nun mit dem Baum, der ganz still war und den Worten lauschte, und eine alte Wunde begann, langsam zu heilen.

An diesem Abend sah die alte Buche noch lange der untergehenden Sonne nach, deren wärmende Strahlen sie nach langer Zeit wieder ganz in sich aufgenommen hatte.

Seit diesem Tag aber lebte die Buche wieder in der Gegenwart, denn sie hatte die Vergangenheit gesegnet und ihr vergeben, und so war in ihrer Baumseele wieder Platz für Liebe und Glauben.

Als im nächsten Frühling ein neuer Jungwald gepflanzt wurde, war ihr kleines Buchenherz übervoll von Freude. Nun war die alte, weise Buche wohl der glücklichste Baum auf Gottes Erden.

Heilmittel für jene, die nicht genügend Interesse an der Gegenwartssituation haben

CLEMATIS
Gemeine Waldrebe
Clematis vitalba

Für jene, die wenig Interesse an der Gegenwart haben, die schläfrig und verträumt durchs Leben gehen. Diese Menschen leben in ihrer eigenen Phantasiewelt, sind ruhig und zurückgezogen, und unternehmen wenig, um ihre Ideale für die Zukunft auch tatsächlich umzusetzen.

Ihr Leben ist geprägt von der Hoffnung auf glücklichere Zeiten, in denen ihre Träume wahr werden. Im Krankheitsfall unternehmen sie nur wenig, um wieder gesund zu werden.

Die Blütenessenz hilft:

- den Himmel auf Erden zu leben und nicht nur zu träumen
- an den Möglichkeiten der Gegenwart nicht vorbeizugehen
- seine kreativen Begabungen besser ausleben zu können
- handlungsfähiger zu werden

Lernaufgabe: Vitalität – Bodenständigkeit

Positive Leitsätze:

„Meine inneren Bilder wollen gelebt werden."
„Ich erfülle meine Lebensaufgabe."
„Ich stehe mit beiden Beinen fest auf dem Boden der Realität."

HONEYSUCKLE
Geisblatt
Lonicera caprifolium

Für jene, die mit ihren Gedanken ständig in der Vergangenheit leben und diese gerne glorifizieren. Diese Menschen hängen gerne alten Wunschträumen nach, die sich nicht erfüllt haben. Erinnerungen an frühere Erlebnisse und Freundschaften werden in übertriebenem Maß aufrechterhalten.

Oftmals haben sie die Hoffnung auf ein erneutes Glück schon aufgegeben, denn Glück und Freude liegt für sie in der Vergangenheit.

Die Blütenessenz hilft:

- nicht in Erinnerungen zu leben, sondern in der Gegenwart
- schwierige Erlebnisse oder Verluste hinter sich zu lassen und vertrauensvoll in die Zukunft zu blicken
- Erfahrungen aus der Vergangenheit mitzunehmen, aber nicht daran festzuhalten
- neue Aufgaben und Pflichten zu übernehmen

Lernaufgabe: Leben im Hier und Jetzt

Positive Leitsätze:

„Ich lasse die Vergangenheit los und bin frei."
„Neues erwartet mich täglich."
„Die Gegenwart hat mir viel zu bieten."

WILD ROSE
Heckenrose
Rosa canina

Für jene, die alle Freude am Leben verloren haben, die in völliger Gleichgültigkeit zu versinken drohen, und die keinerlei Anstrengung unternehmen, irgendetwas an ihrer Situation zu ändern.

Diese Blüte ist hilfreich für Menschen, die resigniert und freudlos durchs Leben gehen, und die sich im Lebenskampf eigentlich schon willenlos ergeben haben.

Die Blütenessenz hilft:

- wieder aktiv am Leben teilzunehmen
- positive Lebensprogramme zu entwickeln
- die Quelle der Freude in sich zu finden
- Passivität und unterschwellige Traurigkeit zu überwinden und wieder am Abenteuer Leben teilzunehmen

Lernaufgabe: Begeisterungsfähigkeit – Freude am Leben

Positive Leitsätze:

„Ich spüre die innere Kraft, den Herausforderungen des Lebens entgegenzutreten."
„Ich bin voller Tatendrang."
„Lebensfreude durchströmt mich."

OLIVE
Ölbaum
Olea europaea

Für jene, die sich nach großen Belastungen körperlich, geistig und seelisch völlig erschöpft fühlen. Sie sind müde und ausgelaugt, und das Leben wird zur harten, freudlosen Strapaz für sie.

Diese Menschen meinen, keine Kraft mehr für weitere Anstrengungen und Herausforderungen des Lebens zu besitzen.

Die Blütenessenz hilft:

- nach lange dauernder Überforderung oder Krankheit wieder Kraft zu tanken
- in großen Belastungsphasen der inneren Führung zu folgen und so ökonomisch mit den eigenen Energien umzugehen
- Entspannung und Schlaf als natürliche körperliche und seelische Regeneration anzunehmen
- die eigenen körperlichen Bedürfnisse zu erkennen

Lernaufgabe: Erholung – Regeneration

Positive Leitsätze:

„Meine Lebensenergie ist eine unerschöpfliche Quelle."
„Ich gönne mir Ruhe und Erholung."
„Ich behandle meinen Körper wie meinen guten Freund."

WHITE CHESTNUT
Weiße Kastanie
Aesculus hippocastanum

Für jene, die Gedanken, Vorstellungen und Ideen haben, welche unaufhörlich in ihrem Kopf kreisen. Die Vorstellungen sind so mächtig, daß sie nach kurzer Abwesenheit immer wieder ins Bewußtsein zurückkehren und hier großes seelisches Leid verursachen.

Diese bedrückenden Gedanken machen es unmöglich, die tägliche Arbeit als Freude und Vergnügen zu erleben und inneren Frieden zu finden.

Die Blütenessenz hilft:

- unerwünschte Gedanken und Bilder, die immer wiederkehren, loszulassen
- unbewältigte Probleme zu erkennen und sich ihnen zu stellen
- geistige Ruhe und Frieden zu finden
- weniger zerstreut und kopflastig zu sein

Lernaufgabe: Geistige Ruhe – Loslassen von Gedanken

Positive Leitsätze:

„Mein Kopf ist frei und klar."
„Ich spüre die friedliche Ruhe in mir."
„Die richtige Lösung taucht zur richtigen Zeit von selbst auf."

MUSTARD
Ackersenf
Sinapis arvensis

Für jene, die ohne ersichtlichen Grund in Depressionen und Schwermut fallen.

Solche Phasen der Verzweiflung legen sich zeitweise wie eine kalte, dunkle Wolke über das Gemüt dieser Menschen, die es ihnen fast unmöglich machen fröhlich, unbeschwert und glücklich zu sein und Kraft und Lebensfreude zu verspüren.

Die Blütenessenz hilft:

- das seelische Leid auszuhalten und die Chance für Veränderung darin zu sehen
- die innere Leere wieder mit Inhalten zu füllen und so Phasen von Schwermut und tiefer Traurigkeit zu überwinden
- einen Wandlungsprozeß leichter zu durchleben
- Leichtigkeit und Heiterkeit durch das Leben wehen zu lassen

Lernaufgabe: Heiterkeit – Sinnfindung

Positive Leitsätze:

„Ich entdecke die Quelle der Freude in mir."
„Ich habe Kraft, Mut und Durchhaltevermögen."
„Ich liebe das Leben und das Leben liebt mich."

CHESTNUT BUD
Knospe der Roßkastanie
Aesculus hippocastanum

Für jene, die aus ihren Fehlern nicht lernen, da sie bei unterschiedlichen Gelegenheiten immer wieder an denselben fehlerhaften Verhaltensmustern festhalten.

Sie können ihre Erfahrungen und Beobachtungen nicht tatsächlich in ihr Leben und ihre Handlungen einfließen lassen und brauchen deshalb länger als die meisten Menschen, bis sie ihre Lektion gelernt haben.

Die Blütenessenz hilft:

- Erfahrungen optimal zu verwerten
- Fehler als Entwicklungschance zu sehen, um in Zukunft neue Verhaltensmuster auszuprobieren
- Gedanken und Handlungen in Einklang zu bringen
- ein aufmerksamer Beobachter zu sein

Lernaufgabe: aus Fehlern lernen

Positive Leitsätze:

„Ich beobachte genau, was um mich herum vorgeht."
„Ich lerne, alte Verhaltensmuster loszulassen."
„Ich bin ein geistig lebendiges Wesen."

*Der Weg, um von zu vielen Ideen und
Einflüssen nicht überflutet zu werden*

Glaskunst

In einem unscheinbaren Haus, nahe an einem Berghang, lebte einst eine junge Frau; sie hieß Gudrun. Sie führte hier ein friedliches Leben mit ihren Eltern.

Doch eines Tages wurde die junge Frau von einer inneren Unruhe ergriffen. Es zog sie hinaus in die Welt.

Vor einigen Jahren war ein Wanderer an ihrem Haus vorbeigekommen und hatte hier Rast gehalten. Er erzählte, daß er unterwegs zu einem berühmten Glasbläser sei, von dem er in dieser Kunst noch weiter unterrichtet werden wolle. Er selbst hatte bei seinem Vater gelernt, der eine bescheidene Glasbläserei besaß. Als der Fremde das Leuchten in den Augen des jungen Mädchens erblickte, packte er einige seiner Kunstwerke vorsichtig aus seinem Rucksack aus und legte sie behutsam auf den Tisch. Als Gudrun diese Farbenpracht zum ersten Mal erblickte, wurde sie von einer Freude ergriffen, die ihren ganzen Körper durchflutete. Sie war Feuer und Flamme für diese neuartige Sache und wußte, daß auch sie eines Tages diese wunderschöne Kunst erlernen würde.

Seit diesem Tag hatte sich Gudrun verändert, das Interesse am Neuen war geweckt worden, und sie fand von nun an keinen inneren Frieden mehr. Alle ihre Gedanken kreisten um diese schillernden Wunderwerke, die das Licht der Sonne in den buntesten Farben widerspiegelten. Dieser Glanz hatte etwas in ihrem Innersten berührt.

Ihre Eltern ahnten schon damals, daß ihre Tochter eines Tages fortgehen würde, in eine Welt, die ihnen selbst fremd war. So machten sie ihr den Abschied nicht unnötig schwer, umarmten sie ein letztes Mal und gaben ihr alle guten Wünsche mit auf den Weg.

Von dem Wanderer wußte sie noch, daß sie nach Süden bis fast ans Meer gehen mußte, denn dort gab es einige begnadete Glasbläser, die diese Kunst auch gut weitervermitteln konnten. Ihre freundliche, aufmunternde Art öffnete ihr alle Türen und so genoß sie die Gastfreundschaft vieler Menschen, die sie auf ihrem Weg kennenlernte.

Eines Tages klopfte sie wieder an eine Tür, um ein Nachtlager zu erbitten. Ein alter, weißbärtiger Mann öffnete und sah sie verwundert an. Als er sie in seine Hütte bat, blieb sie erstaunt und fasziniert in der Türschwelle stehen. Lauter Gesichter – große, kleine, alte, junge, verrunzelte, lachende, spitzbübische,... – blickten ihr entgegen. Sie war begeistert von den Schnitzereien, und schon am nächsten Tag sah sie dem alten Mann beim Schnitzen zu. Einige Monate blieb sie hier und lernte sehr viel. Doch eines Tages verblaßte der Glanz des Neuen, und sie erinnerte sich wieder an das eigentliche Ziel ihrer Reise.

So zog sie weiter nach dem Süden, ans Meer. Doch bald schon kam sie in ein Dorf, in dem sich gerade ein Zirkus niedergelassen hatte. Wieder war sie fasziniert von dem bunten Treiben, das hier vorherrschte. Sofort beschloß sie für sich, eine Weile hier zu bleiben. Man nahm sie gerne auf und sie verrichtete einige einfache Arbeiten. Zu Beginn war jeder Tag ein Erlebnis, voll von neuen Überraschungen. Es war eine eigene Welt, in die sie hier eintauchte, eine Welt voll von Magie und Zauber, die einen alles rundherum vergessen ließ. Doch selbst diese magische, bunte Welt, mit all ihren ungewöhnlichen Kunststücken, verlor eines Tages ihren Glanz.

Gudrun blieb aber noch eine Weile, denn sie hatte ein ruhiges, freundliches Wesen, und sie wußte auch, daß die Zirkusleute ihre Hilfe gut gebrauchen konnten. Ihre gutmütige Art verleitete sie dazu, immer mehr Aufgaben zu übernehmen, denn sie konnte schwer jemandem einen Wunsch abschlagen. Sehr glücklich fühlte sie sich nicht in dieser Situation, doch zeigte sie ihren Kummer nicht, und so schätzte man sie wegen ihrer aufgeweckten, humorvollen Art.

Wer weiß, wie lange sie noch geblieben wäre, wenn ihr nicht eines Tages ein kleiner Junge aufgeregt und mit leuchtenden Augen erzählt hätte, daß er unbedingt Kunstreiter werden wolle. In seiner Begeisterung war er kaum zu bremsen.

Das machte die junge Frau nachdenklich, denn fast schon hätte sie vergessen, wohin sie eigentlich unterwegs war. Sie beschloß, sich in Zukunft nicht mehr so leicht von ihrem Ziel abbringen zu lassen, sonst würde sie es am Ende nicht erreichen. Zum ersten Mal kamen ihr solche Gedanken in den Sinn, und ein wenig Wehmut mischte sich in ihre Empfindungen, denn sie spürte noch immer, daß das Erlernen der Glasbläserei eigentlich ihr größter Wunsch, ja mehr noch, ihre Berufung war.

Als sie jedoch einem jungen Puppenspieler begegnete, waren alle ihre Bedenken wie weggewaschen. Beeindruckt von seiner Kunst begleitete sie ihn einige Zeit, und manchmal war sie fast ein wenig neidisch auf sein besonderes Talent.

Bald zog sie auch von ihm weiter und so wiederholte sich dieser Vorgang noch mehrere Male, denn ständig begegneten der Frau neue, faszinierende Menschen auf ihrem Weg, denen sie immer wieder eine Zeitlang folgte.

Inzwischen war sie älter geworden und die Wanderschaft wurde auch etwas beschwerlicher für sie. Auf einer Waldlichtung ruhte sie sich kurz aus, und als sie die Augen wieder öffnete saß neben ihr eine alte Frau mit weißem Haar. Die fremde Frau sah Gudrun an und sagte: „Du siehst erschöpft aus.

Komm mit in meine Hütte, dort kannst du Ruhe und Frieden finden, denn nur in der Stille findest du zu Dir selbst."

Gudrun verbrachte nun schon ein ganzes Jahr bei der Alten. Es gab hier nichts, was auf den ersten Blick neu oder fremdartig erschien und doch entdeckte Gudrun hier täglich Neues. Vor allem aber lernte sie hier das Wesentliche vom Unwesentlichen zu unterscheiden. Sie erkannte, wie arm ein Leben sein kann, wenn man ständig nur neuen Ideen nachjagt. Aufgeschlossenheit ist eine Tugend, wenn sie aber zur leichten Lenkbarkeit der eigenen Person wird, dann kann sie schnell zu einem Stolperstein werden, denn nichts macht das Leben ärmer, als vieles zu beginnen und nichts zu beenden. Wenn man eine Idee oder Interesse an einer Sache hat, muß man auch genügend Disziplin entwickeln, um dieses umzusetzen, sonst bleibt es doch nur eine Seifenblase, die eines Tages platzt – und übrig bleibt nichts.

Das alles erkannte Gudrun nun deutlich, denn sie war in diesem Jahr zu einer reifen Frau herangewachsen. Nicht ihr Körper, sondern ihre Seele war hier gereift.

Sie wußte, daß sie noch einmal Abschied nehmen mußte. Es war ein sehr herzlicher Abschied. Die Alte blickte sie mit verständigem, liebevollem Lächeln an und gab ihr Gottes Segen mit auf den Weg. Beide wußten, daß sie diesmal bald ihr Ziel erreichen würde.

Gudrun lernte das Handwerk schnell und mit Freude, vor allem aber mit einer Beständigkeit, die nur durch innere Gewißheit erlangt werden kann. Niemals mehr wurde sie von neuen Einflüssen überrollt, denn neue Impulse und Ideen, die aus ihr herausströmten, vermochte sie von nun an in ihre Arbeit einzubeziehen, und so formten sich die herrlichsten Glaskunstwerke unter ihren Händen.

Freilich blieben ihr nur noch wenige Jahre, um ihre Kunst auszuüben, doch diese Jahre waren von Glück und innerer Zufriedenheit erfüllt.

Heilmittel für jene, die überempfindlich gegenüber Ideen und Einflüssen sind

AGRIMONY
Odermennig
Agrimonia eupatoria

Für die stets fröhlichen, heiteren Menschen, die jeder Art von Streit und Meinungsverschiedenheit aus dem Weg gehen, da sie den Frieden lieben und vieles tun, um Konflikte zu vermeiden. Sie verbergen ihre Sorgen und ihre innere Ruhelosigkeit hinter einer Fassade von Humor und Witz und sind deshalb im Freundeskreis besonders beliebt.

Diese Menschen neigen häufig zu Alkohol oder Drogen, um in Stimmung zu kommen und ihre Sorgen zu überspielen.

Die Blütenessenz hilft:

- Konflikten nicht aus dem Weg zu gehen, sondern sie als Entwicklungschance wahrzunehmen und konstruktiv zu lösen
- die Fassade von Unbekümmertheit, Liebenswürdigkeit und Heiterkeit abzulegen
- offen zu sein für seine innersten Gefühle

Lernaufgabe: Offenheit – innere Fröhlichkeit

Positive Leitsätze:

„Wahren Frieden finde ich nur in mir selbst."
„Ich sehe die Dinge so, wie sie sind."
„Ich bin ganz offen."

CENTAURY
Tausendgüldenkraut
Centaurium umbellatum

Für jene sanften, ruhigen, liebenswürdigen Menschen, die es allen recht machen wollen, und die schwer jemandem einen Wunsch abschlagen können.

Ihre gutmütige Art führt oft dazu, daß sie mehr tun, als ihre Aufgabe wäre, was letztendlich ihre Kraft übersteigt. So machen sie sich oft zu Sklaven, die in ihrer dienenden Haltung gefährdet sind, ihre eigenen Wünsche und ihr Lebensziel zu vernachlässigen.

Die Blütenessenz hilft:

- die eigenen Interessen besser zu vertreten und die Unterwürfigkeit aufzugeben
- sich mehr Eigenraum und Eigenwert zuzugestehen, die eigene Persönlichkeit zu erkennen und zu verwirklichen
- auf sich selbst und seine Wünsche nicht zu vergessen

Lernaufgabe: Selbstbestimmung – Eigenverantwortung

Positive Leitsätze:

„Ich diene weise, nach meiner eigenen inneren Führung."
„Ich spüre, wie meine Selbstsicherheit immer stärker wird."
„Ich nehme mich und meine Bedürfnisse wichtig."

WALNUT
Walnuß
Juglans regia

Für jene Menschen, die ein bestimmtes Vorhaben oder ein festes Ziel vor Augen haben, das sie auch durchführen wollen. Manchmal jedoch lassen sie sich von den Ideen und Meinungen anderer zu leicht von ihren eigenen Zielen und Vorstellungen abbringen. Dadurch können Neuerungen oder Übergänge in neue Lebensphasen negativ beeinflußt und verzögert werden.

Dieses Heilmittel gibt ihnen Standhaftigkeit und schützt vor Beeinflußbarkeit.

Die Blütenessenz hilft:

- Altes loszulassen und Neuem offen und unbefangen gegenüberzustehen
- die eigenen Ideen und Vorhaben unabhängig von der Meinung anderer durchzuführen
- ohne Zögern in neue Lebensphasen einzutreten
- geradlinig und unbefangen den eigenen Zielvorstellungen zu folgen

Lernaufgabe: Veränderung – Neubeginn

Positive Leitsätze:

„Ich lasse mich von meinem Weg nicht abbringen."
„Veränderungen verlangen mein ganzes Durchhaltevermögen."
„Ich spüre Kraft und Energie für notwendige Veränderungen."

HOLLY
Stechpalme
Ilex aquifolium

Für jene, die manchmal Gefühle von Neid, Haß, Rachsucht und Eifersucht spüren. Für ihre „Liebe", die sie zu geben haben, erwarten sie auch manches, und sie reagieren gekränkt, wenn diese Erwartungen nicht erfüllt werden.

Oft verspüren diese Menschen eine innere Unruhe, Ärger und Aggressivität, worunter sie sehr leiden, besonders wenn sie keinen echten Grund für ihr Unglücklichsein erkennen können.

Die Blütenessenz hilft:

- sich weniger gekränkt und verletzt zu fühlen
- sich über den Erfolg anderer von ganzem Herzen zu freuen
- tiefes Verständnis und Wissen um die menschlichen Gefühle zu haben
- ein mitfühlendes Wesen zu werden

Lernaufgabe: Liebe – Mitgefühl

Positive Leitsätze:

„Mein Herz ist offen für die Liebe."
„Ich freue mich über das Glück anderer und kann so daran teilhaben."
„Ich bin mit jedem Lebewesen liebevoll verbunden."

Der Weg aus Mutlosigkeit und Verzweiflung

Spiegel der Seele

In einem kleinen Dorf lebte einst eine Magd, die auf einem Bauernhof ihren Dienst verrichtete. Sie war von ruhigem und ausgeglichenem Wesen, stets freundlich, und jeder mochte sie gut leiden. Sophie, so hieß die Magd, war noch nicht lange hier. Keiner wußte genau, wann sie eigentlich gekommen war. Eines Tages stand sie vor der Tür und die Gutsbesitzer hatten sie herzlich aufgenommen und ihr Arbeit gegeben. Niemand hatte sie je nach ihrer Vergangenheit gefragt, auch wenn sich so manch einer Gedanken darüber machte. Sophie war froh darüber, denn es war ein sehr verzweifeltes Leben, das sie hinter sich gelassen hatte.

So kam es, daß die Jahre vergingen und langsam die ersten grauen Haare ihre Stirn rahmten. Inzwischen war sie zu einem festen Mitglied der Familie geworden. Die Kinder und auch die Erwachsenen kamen mit ihren Ängsten und Sorgen zu ihr und immer wußte sie Rat, oder aber es reichte die Güte und Liebe die sie ausstrahlte, um den Kummer fortschmelzen zu lassen.

An einem milden Abend im Spätherbst, als die Magd nach getaner Arbeit vor dem Haus saß und im Innersten ihres Herzens Gott für die reiche Ernte dankte, kam die älteste Bauerstochter, die inzwischen verheiratet war und mit ihrem Mann den benachbarten Hof bewirtschaftete, zu ihr.

Tiefe Verzweiflung war in ihrem Gesicht zu lesen. Sophie nahm sie an der Hand und lud sie mit einer Geste ein, bei ihr Platz zu nehmen und zu erzählen.

So erfuhr sie, daß sich das junge Paar sehnlichst ein Kind wünschte und doch schien dieses Glück verwehrt zu sein. Die junge Frau hatte sich bis jetzt von ihrem Kummer nichts anmerken lassen. Still und tapfer hatte sie dagegen angekämpft, doch nun trug sie nicht einen Funken Hoffnung in sich, jemals wieder ein glückliches Leben führen zu können. Da wußte die Magd, daß jetzt die Zeit reif war, ihre eigene Geschichte zu erzählen und so begann sie mit sanfter Stimme zu sprechen:

„Als ich so jung war wie du, da hatte ich Ähnliches erlebt und so verstehe ich deinen Kummer gut. Ich war noch nicht lange verheiratet. Mein Mann war Lehrer und wir beide liebten Kinder über alles. So kam es auch, daß unser Wunsch nach einem eigenen Kind immer größer wurde. Zwei Jahre lebten wir glücklich, fast wie in einem Traum, bis ich ahnte, daß wir wohl nie Kinder haben würden. Dieses schmerzhafte Erkennen der Realität legte sich wie eine dunkle Wolke über mein Gemüt. Meine Seelenqual wurde so groß, daß ich meinte, selbst die täglichen Pflichten nicht mehr bewältigen zu können. Ich zog mich immer mehr zurück und haderte mit meinem Schicksal. Ich klagte Gott an, fand das Leben grausam und ungerecht, und es verschwand auch alle Hoffnung aus meinem Leben. So zerstörte ich alle Liebe, die früher in mir wohnte. Mein Mann zog fort, und ich war allein und ohne Mut. Eines Tages kam eine alte Frau an meinem Haus vorbei und bat, sich ausrasten zu dürfen. Das wollte ich ihr nicht verwehren. Als sie sich erholt hatte, blickte sie voller Mitgefühl in mein Gesicht und forderte mich auf, ein Stück des Weges mit ihr zu kommen. Irgend etwas lag in ihren Augen, in ihrem ganzen Ausdruck, das mich daran hinderte, ihr Angebot auszuschlagen. So ging ich schweigend den schmalen Pfad hinter ihr her.

Nach einigen Stunden Fußmarsch sahen wir in weiter Ferne ein weißes Haus, von grünen Efeuranken umwachsen. Das gläserne Tor schimmerte golden im Sonnenlicht wie das Tor zu einem Märchenpalast – das Tor zum Paradies.

Als wir das Haus erreichten, forderte mich die Frau mit einem weisen Lächeln auf einzutreten, was ich auch tat. Doch entsetzt, fast fluchtartig verließ ich den Raum und stürzte hinaus ins Freie. Ich fiel auf den Boden und weinte bitterlich. Du möchtest jetzt wissen, was ich gesehen hatte? Der Raum, den ich betrat,

war voller Spiegel und ich sah tausendmal mein Bild, ohne Verzerrung und Beschönigung. Eine Frau mit stumpfen, ausdruckslosen Augen, ohne Leben, bleich, verbittert und mutlos blickte mir entgegen. Ich habe in mein wahres Selbst geschaut und bin entsetzt geflohen.

Ich blieb noch lange bei dieser seltsamen Frau. Viele Monate müssen wohl vergangen sein. Ich lernte die Einfachheit des Lebens wieder kennen. Es war, als ob ich zum ersten Mal in meinem Leben richtig sehen konnte, und so erblickte ich die Vollkommenheit der Schöpfung in jedem Baum, in jeder Blume, in jedem Tier und auch in jedem Menschen. Vor allem aber lernte ich, daß alles im Leben einen tiefen Sinn hat. Meine Mutlosigkeit und die Selbstvorwürfe, die mich monatelang gequält hatten, verschwanden, und Selbstvertrauen, Hoffnung und vor allem Liebe kehrten wieder in mein Herz ein.

Eines Morgens nahm mich die Alte, die mir inzwischen schon so vertraut geworden war, in den Arm und sagte mir, daß für mich die Zeit gekommen sei, weiterzuziehen. Zum Abschied forderte sie mich noch einmal auf, den Raum mit den vielen Spiegeln zu betreten. Ich trat ein und Glück und Liebe strahlten mir tausendfach entgegen. Zu diesem Zeitpunkt wußte ich, daß einem nur das begegnet, was in einem selbst ist, denn wir treffen immer nur das Spiegelbild unserer eigenen Seele.

Was ich dir sagen möchte, ist eigentlich ganz einfach und vielleicht gerade deshalb so schwierig. Es liegt einzig und allein an dir, was du aussendest. Nur eins mußt du bedenken: „All das, was du denkst und tust – es kehrt tausendfach zu dir zurück."

Die Augen der Bauerstochter waren mit Tränen gefüllt. Sie umarmte Sophie dankend, verabschiedete sich und ging schweigend zurück in ihr Heim. Die Botschaft aber, die sie mitnahm, erfüllte sie mit neuer Hoffnung.

Sie hatte begriffen, daß alle Gaben im Leben Gottes Gaben sind, die man nur mit offenem Herzen entgegennehmen kann. So legte sie bald ihre fordernde Haltung ab und wurde zu einem wahrhaft liebenden Menschen, der sich selbst ohne Vorbehalte anzunehmen vermochte.

Heilmittel für jene, die mutlos und verzweifelt sind

LARCH
Lärche
Larix decidua

Für jene, die sich für weniger fähig und begabt halten als ihre Mitmenschen. Diese Menschen meinen von sich, erfolglos zu sein und an ihren Aufgaben zu scheitern.

Dieses mangelnde Selbstvertrauen verhindert die Entfaltung ihres eigenen schöpferischen Potentials. Sie versuchen viele Dinge erst gar nicht, die ihnen letztendlich Erfolg gebracht hätten.

Die Blütenessenz hilft:

- seine schöpferischen Impulse wahrzunehmen und umzusetzen
- seine Talente selbstverständlich zu entfalten und Neues zu wagen
- nicht Fehlschläge, sondern Erfolg zu erwarten
- die eigenen begrenzten Vorstellungen abzulegen

Lernaufgabe: Selbstentfaltung – schöpferische Kraft

Positive Leitsätze:

„Alle meine Fähigkeiten kommen jetzt zum Einsatz."
„Ich mache das Beste aus meinen Talenten."
„Ich sprenge die Grenzen in mir."

PINE
Schottische Kiefer
Pinus sylvestris

Für jene, die sich selbst viele Vorwürfe machen. Auch wenn sie gute Arbeit geleistet haben, sind sie mit dem Ergebnis meist noch nicht zufrieden, da sie meinen, sie hätten es noch besser machen können.

Es sind Menschen, die sehr schwer arbeiten und die unter den Fehlern leiden, die sie sich selbst einreden. Ihre Schuldgefühle gehen manchmal so weit, daß sie noch die Fehler anderer auf sich nehmen und sich dafür verantwortlich fühlen.

Die Blütenessenz hilft:

- begangene Fehler zu akzeptieren und loszulassen
- echte Reue empfinden zu können
- sich von Schuldgefühlen zu befreien in dem Wissen um Erlösung
- tiefes Verständnis für die menschlichen Schwächen zu haben
- mehr Selbstachtung und Selbstliebe zu entwickeln

Lernaufgabe: Loslassen von Schuld – Vergebung

Positive Leitsätze:

„Innerer Friede ist mein einziges Ziel."
„Ich sende Liebe und Vergebung aus."
„Meine Fehler sind mir längst verziehen worden."

ELM
Ulme
Ulmus procera

Für jene, die ihrer Lebensaufgabe folgen und gute Arbeit zum Wohle aller Menschen leisten. Es gibt Phasen in ihrem Leben, wo sie sich kurzfristig überfordert fühlen und meinen, ihrer Aufgabe nicht mehr gewachsen zu sein.

Ihre Sache ist es zu erkennen, daß man nicht immer Außergewöhnliches leisten kann.

Die Blütenessenz hilft:

- genügend Kraft für die täglichen Aufgaben zu besitzen
- vorübergehende Schwierigkeiten im rechten Licht zu sehen
- Erholungsphasen im Alltag einzuplanen, um sich in Zukunft nicht mehr zu überfordern
- großen Druck abzubauen, um wieder selbstsicher handeln zu können

Lernaufgabe: Selbstvertrauen – Verantwortlichkeit

Positive Leitsätze:

„Ich bewältige meine Lebensaufgabe."
„Ich gebe mein Bestes."
„Ich gönne mir auch Ruhepausen."

SWEET CHESTNUT
Edelkastanie
Castanea sativa

Für jene Situationen im menschlichen Leben, in denen man glaubt, eine leidvolle Erfahrung nicht mehr aushalten zu können. Körperlich und seelisch an ihrer äußersten Belastbarkeitsgrenze angelangt, meinen diese Menschen, aufgeben und zusammenbrechen zu müssen.

Der einzige Ausweg scheint nur noch in Zerstörung und Vernichtung zu liegen.

Die Blütenessenz hilft:

- besonders leidvolle Situationen durchzustehen in dem Bewußtsein, daß sich dann neue Wege auftun
- an die Gnade Gottes zu glauben
- einen Wandlungsprozeß, der mit Schmerz verbunden ist, zuzulassen
- neue Kraft zu schöpfen und Hilfe anzunehmen

Lernaufgabe: Durchhaltevermögen – Erlösung

Positive Leitsätze:

„Wandlung erfordert Kraft."
„Mein Weg führt zum Licht."
„Hilfe ist greifbar nahe."

STAR OF BETHLEHEM
Doldiger Milchstern
Ornithogalum umbellatum

Für jene, die sich in großer Bedrängnis befinden oder in Umständen, die sie sehr unglücklich machen. Das können verschiedenste traumatische Ereignisse sein, wie etwa der Verlust eines geliebten Menschen, der Schock einer schlimmen Nachricht, der Schreck nach einem Unfall und vieles mehr.

Dieses Heilmittel bringt auch jenen Erleichterung, die eine Zeitlang keinen Trost annehmen wollen.

Die Blütenessenz hilft:

- sich nach traumatischen Erlebnissen rasch zu erholen
- wieder innere Lebendigkeit und Kraft zu gewinnen
- in Krisensituationen geistesgegenwärtig zu bleiben
- den tiefen Sinn in schicksalhaften Ereignissen zu erkennen und anzunehmen

Lernaufgabe: Regeneration nach körperlichen, geistigen oder seelischen Schocks

Positive Leitsätze:

„Ich bin mit allen Ebenen des Seins verbunden."
„Ich fühle, wie sich Energieblockaden lösen."
„Neue Lebensenergie strömt durch meinen ganzen Körper."

WILLOW
Gelbe Weide
Salix vitellina

Für jene, die ein Unglück oder einen Schicksalsschlag erlitten haben, die darüber verbittert sind und gerne bei anderen die Schuld dafür suchen. Für sie zählt nur der Erfolg, den sie im Leben haben und sie meinen, so schwere Prüfungen nicht verdient zu haben.

Oftmals zeigen sie wenig Interesse an jenen Aktivitäten, die sie früher mit Freude und Befriedigung erfüllt haben.

Die Blütenessenz hilft:

- zu erkennen, daß man selbst für sein Tun verantwortlich ist
- nachsichtig und versöhnungsbereit zu sein
- eine positive Grundhaltung anzunehmen
- sich nicht als Opfer von „Schicksalsschlägen" zu sehen

Lernaufgabe: Eigenverantwortung – Versöhnung

Positive Leitsätze:

„Alle negativen Gedanken und Vorstellungen weichen von mir."
„Ich begegne vermehrt dem Positiven."
„Ich erkenne die guten Absichten meiner Mitmenschen."

OAK
Eiche
Quercus robur

Für jene, die im täglichen Leben hart kämpfen, und die alle Mühen und Anstrengungen auf sich nehmen, um wieder gesund zu werden, selbst wenn ihr Fall aussichtslos erscheint. Sie kämpfen tapfer und ohne zu klagen weiter, um ihre Pflichten zu erfüllen und anderen Hilfe zu sein.

Wird ihnen das etwa durch Krankheit verwehrt, sind sie sehr unzufrieden. Selbst bei großen Schwierigkeiten geben sie die Hoffnung auf Besserung nicht auf.

Die Blütenessenz hilft:

- weniger der Pflicht sondern mehr der inneren Berufung zu folgen
- die Grenzen der eigenen Belastbarkeit zu erkennen und sich Ruhepausen zu gönnen
- das weibliche, empfangende Prinzip mehr in das Leben zu integrieren
- spielerischer und weniger fordernd mit sich selbst umzugehen

Lernaufgabe: Zulassen von Schwäche

Positive Leitsätze:

„Ich werde um meiner selbst willen geliebt, nicht meiner Leistungen wegen."
„Ich kann auch meine Schwächen liebevoll annehmen."
„Ich nehme spielerisch am Leben teil."

CRAB APPLE
Holzapfel
Malus pumila

Für jene, die meinen, etwas Unreines an sich zu haben, und die ganz ängstlich darauf bedacht sind, von dieser einen Sache, auf die sich ihr ganzes Denken konzentriert, gereinigt und geheilt zu werden.

Diese Menschen haben oft ein übertriebenes Reinlichkeitsgefühl, was sich in Putzwut, Waschzwang, Angst vor Krankheitserregern und ähnlichem äußern kann. Wenn die Behandlung fehlschlägt, werden sie leicht verzagt und entmutigt.

Die Blütenessenz hilft:

- die eigene Unvollkommenheit anzunehmen
- sich von vermeintlich unreinen Gedanken zu befreien
- Körperlichkeit als etwas Natürliches zu verstehen
- nachsichtig und liebevoll mit sich selbst umzugehen
- das richtige Maß an Ordnung und Sauberkeit zu finden

Lernaufgabe: Tiefgehende Reinigung – Selbstannahme

Positive Leitsätze:

„Ich bin ein wertvoller Mensch."
„Ich liebe mich wie ich bin."
„Ich vertraue ganz auf meine Selbstheilungskräfte."

Der Weg, übermäßige Sorgen um andere loszulassen

Bilder der Sehnsucht

Es war an einem lauen Sommerabend als der alte Roman, ein weiser und gottesfürchtiger Mann, zum ersten Mal Josephas Geschichte erzählte.

Die Kinder kamen aus allen Himmelsrichtungen zu der großen alten Eiche angelaufen, die auf einem kleinen Hügel etwas außerhalb des Dorfes stand. Hier versammelten sie sich allabendlich, um den Erzählungen des alten Roman zu lauschen.

Der Alte lebte in seiner bescheidenen Hütte, nicht weit von der Eiche entfernt. Niemand wußte genau wann er hierher gekommen war, denn er kam nur ganz selten ins Dorf hinunter. So blickte ihm manch einer von den Erwachsenen neugierig nach, denn die Kinder erzählten zu Hause oft noch ganz aufgeregt mit leuchtenden Augen und glühenden Wangen, was sie vom alten Roman erfahren hatten. Er besaß die Fähigkeit, seine eigene Lebenseinstellung den Kindern überzeugend näherzubringen.

Manche Erzählungen ließen auch in den Erwachsenen geheimnisvolle Sehnsüchte hochkommen und entlockten ihnen einen tiefen Seufzer. Doch keiner von ihnen wagte den Weg zur großen Eiche. Geschichten, Märchen, das wäre doch nur etwas für Kinder, hätte mit dem wirklichen Leben nichts zu tun, und solange der Alte den Kindern keine zu großen Flausen in den Kopf setzte, ließ man ihn ruhig gewähren und tolerierte diese Zusammenkünfte.

So begann er auch an diesem Abend in die atemberaubende Stille hinein zu erzählen:

„Weit entfernt von hier, in einer großen Steppe, lebte einst ein Ehepaar mit seinen beiden Kindern Joseph und Josepha. Es war ein ruhiges und bescheidenes Leben, das sie hier führten. Als die Kinder größer waren, halfen sie im Haus und auf dem Feld mit so gut sie konnten und versorgten auch die wenigen Ziegen und Hühner. Joseph liebte dieses Haus, er brauchte die Geborgenheit und Beständigkeit. Er liebte wie seine Eltern die Steppe. Hier war sein Leben. Deshalb konnte er seine Schwester Josepha nicht verstehen, die oft von fernen Ländern träumte. Mit den wenigen Farben, die sie besaß, malte sie Bilder von Landschaften, die im innersten ihrer Seele entsprangen. Er bestaunte zwar die Buntheit und Vielfalt die Josepha hier kreierte, doch er verspürte nicht den Wunsch, die Steppe jemals zu verlassen, war sie doch seine Welt.

Der Vater kränkelte schon einige Zeit; das ließ ihn alt und müde erscheinen. Alle wußten, daß es mit seiner Lebenskraft zu Ende ging. Und als eines Tages seine Seele in die andere Welt heimkehrte, wurde es noch stiller in dem kleinen Haus.

Josepha war in dieser schwierigen Zeit eine große Stütze für ihre Mutter und sorgte sich sehr um ihr Wohlergehen. Sie versagte sich selbst viele Freuden des Lebens und übernahm die meisten der täglichen Pflichten, denn sie wollte eine gute Tochter sein. Ihre Ansprüche an sich selbst waren hoch.

Eine Zeitlang ging das ganz gut, aber nach und nach wurde die junge Frau immer stiller und ernster. Auch die Mutter bemerkte das und machte sich Gedanken darüber. Alle Bemühungen, Josepha aufzuheitern fruchteten nichts. Nicht einmal ihren Bruder wollte sie an ihrer Gedanken- und Ideenwelt teilhaben lassen.

Der Schmerz und das Fernweh breiteten sich immer mehr in Josephas Herzen aus und ließen die einstigen Wünsche und Träume, die sie als junges Mädchen gehabt hatte, immer mehr in ihr hochkommen. Noch versuchte sie, sich nichts anmerken zu lassen und gut für die anderen zu sorgen, aber das wollte immer weniger gelingen. So litt sie selbst am meisten unter ihren strengen Prinzipien und Moralvorstellungen, die sie dazu brachten, bei ihrer geliebten Mutter zu bleiben, an der sie so hing.

Zu diesem Zeitpunkt wußte sie noch nicht, daß es nur eine einzige Verpflichtung im Leben gibt: sich selbst und seine Talente zu entfalten. Deshalb merkte sie auch nicht , daß sie nur anderen Menschen gegenüber tolerant und nachsichtig war, mit sich selbst aber sehr hart ins Gericht ging. Das führte dazu, daß sie immer seltener ihre Farben auspackte und malte und dabei ihre Sorgen ganz einfach vergaß.

Eines Tages kam ein Wanderer vorbei. Er wurde herzlichst eingeladen einige Tage zu bleiben und auszuruhen. Gerne nahm der junge Mann die freundliche Einladung an. Fünf Jahre war er nun schon auf Wanderschaft; daher konnte er vieles berichten. Auch Josepha begann sich mit seiner Anwesenheit zu verändern. Ein kleines bißchen vom alten Glanz war in ihren Augen zu sehen und ein kleiner Hauch von Lebensfreude durchflutete sie wieder.

Nach einer Woche zeigte sie dem jungen Mann sogar ihre Bilder, so sehr vertraute sie ihm. Er war tief beeindruckt von der Vollkommenheit dieser Landschaften. Er wußte aber gleichzeitig, welche Krankheit die Seele der jungen Frau gefangen hielt – Sehnsucht. Denn es waren Bilder der Sehnsucht die sich ihm offenbarten. Josepha hatte ihren Lebensweg aus ihrer inneren Führung heraus gemalt, vollkommen dargestellt, und doch war sie ihn nie gegangen, aus falsch verstandener Liebe zu ihrer Mutter.

Der junge Mann blieb noch eine ganze Weile Gast in dem Hause, auch die Mutter und der Bruder mochten ihn sehr. Mit Freude bemerkten alle, wie gut seine Anwesenheit Josepha tat.

Eines Abends, als sie alle vor dem Haus saßen, faßte sich Josepha ein Herz und fragte den jungen Mann, warum er von zu Hause weggegangen war. Voller Liebe und Zuneigung blickte er sie an und auch sie spürte die Wärme und Zärtlichkeit, die in diesem Blick lag. Er nahm sie bei der Hand und antwortete: „Gleichgültig welche Beweggründe du hast und mögen sie noch so edel und tugendhaft erscheinen, der schlimmste Weg, den du wählen kannst ist der, keinen zu wählen, denn am Ende bleibt nur Leere und Sehnsucht. Einen Menschen zu lieben kann niemals bedeuten, bei ihm zu bleiben aus Angst und Sorge um sein Wohlergehen, denn jeder Mensch ist nur in Gottes Händen wirklich gut aufgehoben. Die Menschen, die dir nahestehen, bedürfen deiner Liebe und nicht deiner Sorge. Geh ruhig deinen Weg, in dem Bewußtsein, daß jeder Mensch göttlich beschützt ist".

Da begriff auch die Mutter, warum Josepha hiergeblieben war und so gelitten hatte und Tränen standen in ihren Augen. Wie von weiter Ferne nahm Josepha die Stimme ihrer Mutter wahr: „Die Steppe ist mein Platz zum Leben, mein Zuhause, niemals wollte ich durch dich glücklich werden, sondern dich glücklich machen. Das bedeutet, daß du deinen Weg gehen sollst, wohin er dich auch führt."

Jetzt erkannte die junge Frau, daß sie sich zu sehr um die Bedürfnisse ihrer Mutter gekümmert hatte, vielleicht auch ein wenig aus Angst, deren Liebe sonst zu verlieren und in der großen Welt, von der sie so viel träumte, auch manche Enttäuschung zu erleben. Sie weinte hemmungslos und noch am selben Tag packte sie ihre Sachen. Die Bilder schenkte sie zum Abschied ihrer Mutter. Sie brauchte sie nicht mehr, denn sie wollte nie mehr von den Wünschen ihres Herzens abkommen.

Der junge Mann war schon ein Stück des Weges vorgegangen. Er bereitete schon ein Abendmahl, denn er wußte, daß Josepha bald kommen würde. Und als die Sonne sich am Horizont neigte, da erschien sie auch, wie ein Engel, von leuchtendem Abendrot umgeben. Sie erschien ihm schöner als je zuvor. Er breitete seine Arme aus, um sie in Empfang zu nehmen. Schweigend umarmten sie einander und gingen fortan ihren Weg zu zweit.

Die junge Frau hatte ihre fürsorgliche Haltung der Mutter gegenüber abgelegt, die nur mangelndes Vertrauen in eine höhere Führung widerspiegelte und wurde bald eine bekannte Malerin. Über ihre Bilder war es ihr möglich, den Himmel auf Erden zu bringen. Die Vollkommenheit Gottes wurde hier sichtbar. Viele ratsuchende Menschen kamen zu dem jungen Paar und vielen wurde geholfen, denn hier konnten sie Liebe und Glauben erfahren.

Roman hatte die Geschichte beendet. Kein Geräusch wagte diese Stille zu durchbrechen. Die alte Eiche hielt den Atem an und selbst die Vögel gaben keinen Laut von sich, denn sie waren noch wie gebannt von Romans Geschichte.

Ja, auch die Kinder schwiegen und hatten genau begriffen, was der alte Roman ihnen sagen wollte. Jeder Mensch muß das Tor zum Leben, zur Freiheit selber öffnen, sonst bleibt es für immer verschlossen, und man kann nur mit Wehmut erahnen, welcher Weg sich dahinter befunden hätte.

*Heilmittel für jene,
die um das Wohl anderer allzu besorgt sind*

CHICORY
Wegwarte
Cichorium intybus

Für jene, die sich zu sehr um das Wohl anderer Menschen, vor allem das ihrer Kinder, Freunde und Angehörigen kümmern. Sie neigen dazu, sich in deren Angelegenheiten einzumischen, um Dinge zu korrigieren, die sie meinen, selbst besser machen zu können.

Für ihre Leistungen erwarten sie aber auch die Dankbarkeit und Nähe derer, um die sie sich so innig bemühen.

Die Blütenessenz hilft:

- seine fordernde Haltung aufzugeben
- den eigenen Willen zurückzustellen
- uneigennützig für andere da zu sein
- Selbstmitleid und Märtyrerhaltung abzulegen
- in der Gewißheit zu leben, um seiner selbst willen geliebt zu werden

Lernaufgabe: selbstlose Liebe

Positive Leitsätze:

„Ich gebe, ohne zu erwarten."
„Ich liebe aus vollem Herzen, ohne Forderungen zu stellen."
„Ich respektiere die persönlichen Grenzen eines jeden Menschen."

VERVAIN
Eisenkraut
Verbena officinalis

Für jene, die einen starken Eigenwillen, hohe Ideale und feste Prinzipien haben. Sie sind von den eigenen Ideen und Meinungen so begeistert, daß sie häufig dazu verleitet werden, andere Menschen von ihren Ansichten überzeugen zu wollen, was oft in „Missionieren" ausartet.

Es sind sehr mutige Menschen, die selbst im Krankheitsfall noch viel Energie aufbringen, um sich auf den Beinen zu halten. Sie müssen lernen, anderen Menschen deren Glauben und Überzeugungen zu lassen.

Die Blütenessenz hilft:

- mit den eigenen Kräften besser umzugehen
- trotz der eigenen Begeisterung für eine Sache auch die Meinung anderer zu akzeptieren
- zu erkennen, daß hohe Ideale und Ziele am besten mit Vertrauen und Gelassenheit erreicht werden können
- andere nicht „bekehren" zu wollen

Lernaufgabe: Zurückhaltung – Selbstdisziplin

Positive Leitsätze:

„Nur in der Selbstbeherrschung kann ich Freiheit erlangen."
„Ich lasse jedem seinen Lebensstil."
„Ich nehme mich zurück und setze meine Energie maßvoll ein."

VINE
Weinrebe
Vitis vinifera

Für jene begabten, willensstarken Menschen, die um ihre Fähigkeiten wissen und Erfolg erwarten.

Sie neigen jedoch auch zu rücksichtslosem Verhalten, da sie anderen Menschen zuwenig zutrauen und meinen, ihre eigenen Entscheidungen und Handlungen wären die besseren und richtigeren.

Selbst im Krankheitsfall erteilen sie gerne Anweisungen und bevormunden diejenigen, die sich um ihr Wohl kümmern. In Notsituationen sind sie zu besonderen Leistungen fähig.

Die Blütenessenz hilft:

- Macht als göttliche Gabe anzusehen und weise zum Wohle anderer einzusetzen
- ein kluger und verständnisvoller Führer zu sein
- die Meinungen anderer zu akzeptieren
- seine starke Persönlichkeit positiv zu leben

Lernaufgabe: Sich beugen – dienen

Positive Leitsätze:

„Dienen heißt sich beugen."
„Ich setze meine Kräfte für das Wohl anderer Menschen ein."
„Nicht mein Wille, sondern dein Wille geschehe."

BEECH
Rotbuche
Fagus sylvatica

Für jene, die darum bemüht sind, vermehrt das Gute und Schöne in ihrer Umgebung wahrzunehmen. Auch wenn viele Dinge falsch sind, bemühen sie sich dennoch, das Gute darin zu erkennen.

So achten sie sehr darauf, besonderes Verständnis und Nachsicht mit anderen Menschen und Verhaltensweisen zu haben, in dem Wissen, daß es viele Wege gibt, um Vollkommenheit und Harmonie zu erreichen.

Die Blütenessenz hilft:

- Verständnis und Nachsicht für die Fehler der Mitmenschen zu haben
- die eigenen Schwächen und Unzulänglichkeiten liebevoll anzunehmen
- die übertriebene kritische Haltung anderen Menschen gegenüber aufzugeben

Lernaufgabe: Mitgefühl – einfühlendes Verstehen

Positive Leitsätze:

„Ich schließe Freundschaft mit mir und den anderen."
„Sanftheit durchflutet mein Wesen."
„Mitgefühl leitet meine Handlungen."

ROCK WATER
Heilkräftiges Quellwasser

Für jene, die sich viele Freuden und Annehmlichkeiten des Lebens versagen, weil sie meinen, dies nicht mit ihren Prinzipien und hohen Moralvorstellungen vereinbaren zu können.

Es handelt sich um sehr disziplinierte, fleißige Menschen, die anderen ein gutes Vorbild sein wollen. Sie hoffen, daß sich ihre Mitmenschen dazu aufgefordert fühlen, ihre eigene Lebensweise anzunehmen, und so zu besseren Menschen werden.

Sie tun viel, um gesund, vital und aktiv zu bleiben.

Die Blütenessenz hilft:

- überholte Theorien und Grundsätze einfach über Bord zu werfen
- offener für neue Erkenntnisse und tiefe Wahrheiten zu sein
- nicht blind hohen Idealen nachzulaufen
- nachgiebiger und weicher zu werden
- die Kraft der Liebe über Moral und Erziehung zu stellen

Lernaufgabe: Sanftheit – Anpassungsfähigkeit

Positive Leitsätze:

„Ich gehe sanft und liebevoll mit mir und anderen um."
„Ich erkenne den größeren Zusammenhang."
„Ich füge mich ein in den Lebensstrom und werde getragen."

Notfalltropfen (Rescue Remedy)

Die Notfallmischung ist eine Kombination von fünf Blütenessenzen.

Es sind dies:

- Star of Bethlehem – gegen Schock
- Rock Rose – gegen Schreck und Panik
- Impatiens – gegen Anspannung und Streß
- Cherry Plum – gegen übergroßen seelischen Druck
- Clematis – gegen das Gefühl des Benebeltseins und Ohnmachtsneigung

Diese Mischung findet ihre Anwendung in Akutsituationen wie etwa:

Schock, Angst, Panik, großem Schrecken, großen Sorgen, aber auch nach Unfällen, nach Streitigkeiten, nach Alpträumen, bei Prüfungsängsten, großer Angst z. B. vor einem Arztbesuch, vor einer Reise, vor großen Menschenmassen...

Die Notfalltropfen können aber auch bei körperlichen Verletzungen wie etwa Verbrennungen, Schnittwunden, Insektenstichen, Zahnschmerzen, Koliken... mit gutem Erfolg eingesetzt werden.

Das bedeutet auf keinen Fall, daß hier auf eine gute medizinische Versorgung verzichtet werden soll, doch werden unter der Wirkung von Rescue Remedy die Selbstheilungskräfte des Körpers wieder aktiviert und jede Art von Trauma reduziert.

Anwendung

Man gibt 4 – 5 Tropfen von Rescue Remedy aus der Stockbottle in ein Glas Wasser und trinkt davon in Krisensituationen schluckweise bis eine Besserung eintritt.

Zur Stabilisierung kann man noch einige Tage lang die Notfallmischung weiter einnehmen – entweder im Wasserglas oder im Pipettenfläschchen verdünnt.

Hier kann nur jeder für sich selbst herausfinden, wie lange und wie häufig er die Blütenmischung einnehmen soll, um Körper, Geist und Seele zu harmonisieren.

Die Notfalltropfen können auch äußerlich, in Form einer Creme oder als Umschlag angewendet werden, um Linderung bei leichten Verbrennungen, Schwellungen, Bienenstichen, Sonnenallergie, Schürfwunden etc. zu bewirken.

Falls die Einnahme unmöglich ist, wie etwa bei Bewußtlosigkeit, besteht die Möglichkeit, die Notfalltropfen auch direkt auf die Lippen, die Schläfen, hinter das Ohr oder auf die Handgelenke zu tropfen.

Zubereitung der Blütenessenzen

Die Blütenessenzen erhält man in Österreich in den meisten Apotheken. Die Vorratsfläschchen, man nennt diese auch Stockbottles, beinhalten die jeweiligen Konzentrate der Blütenessenzen, die nach der Sonnen- oder Kochmethode hergestellt werden. Die Konzentrate benötigt man, um die individuelle Blütenmischung herzustellen. Dazu füllt man ein 30 ml Pipettenfläschchen dreiviertel voll mit Quellwasser, stillem Mineralwasser oder einfachem Leitungswasser. Von der jeweiligen Blütenessenz werden dann drei Tropfen dazugegeben. Anschließend wird das Fläschchen mit Alkohol (z.B. Brandy,...) aufgefüllt. Dieser dient nur zur Konservierung. Bei Kindern kann die Alkoholmenge reduziert oder mit Essig konserviert werden. Sie können sich aber auch ihre persönliche Blütenmischung in der Apotheke zubereiten lassen.

Zur Einnahme

Viele Menschen empfinden die Einnahme von 4 mal 4 Tropfen als angenehme und ausreichende Dosierung. Die Blütenmischung wird dabei am besten direkt auf oder unter die Zunge getropft.

Betrachten sie diese Angabe jedoch nur als eine Möglichkeit der Einnahmehäufigkeit. Im Laufe der Blütenbehandlung werden sie selbst bald merken, wie oft sie die Blütenmischung einnehmen sollen.

Verlassen sie sich ruhig auf ihre Intuition!

Sie sollten jedoch eine Blütenmischung über einen längeren Zeitraum regelmäßig einnehmen, um Erfolg zu haben.

Manche Genußmittel stören die feinen Schwingungen der Blütenessenzen. Es handelt sich dabei um Schwarzen Tee, koffeinhaltigen Kaffee, Cola, sowie Pfefferminztee und andere pfefferminzhaltige Produkte. Diese sollten während der Einnahmedauer möglichst vermieden, oder zumindest von den Blütenessenzen zeitlich getrennt genossen werden.

Darüberhinaus ist es sehr hilfreich, wenn sie sich einen positiven Leitsatz zu jeder Blüte, die sie gerade einnehmen, aufschreiben.

Nehmen sie sich zumindest einmal am Tag Zeit und Ruhe, die aufgeschriebenen Sätze auf sich wirken zu lassen. So können sie sich auf die Thematik der Blüten besser einstimmen und leichter innere Blockaden auflösen.

Haben sie auch Geduld. Die Blütenessenzen heilen über die Seele, das bedeutet aber, daß wir unserer Seele genügend Zeit zur Entwicklung und Reifung geben müssen.

Reaktionen auf die Einnahme der Blüten

Hier möchte ich zunächst erwähnen, daß es absolut keine Nebenwirkungen auf die Einnahme der Bachblüten gibt. Manche Menschen klagen jedoch zu Beginn der Behandlung über eine Verschlimmerung ihrer Symptome oder beobachten das Aufleben von alten Beschwerden.

Diese sogenannte Erstreaktion ist nur eine vorübergehende Wirkung und zeigt, daß alte Konflikte ins Bewußtsein gerufen werden. Wir sollten aber wissen, daß das die Voraussetzung ist, um ein Problem wirklich zu lösen. Die Blütenessenzen helfen uns, negative Gefühle abzubauen, sie dahinschmelzen zu lassen wie Schnee in der Sonne, so drückt Edward Bach das aus.

Dieser seelische Reinigungsprozeß läuft bei jedem Menschen individuell unterschiedlich ab, sowohl zeitlich, als auch im gefühlsmäßigen Erleben.

Es ist dienlich, während der Einnahmezeit die Signale des eigenen Körpers vermehrt zu beachten und den eigenen Bedürfnissen nachzukommen. Dadurch kann der Kontakt zur eigenen Seele leichter wiederhergestellt werden, und es wird ausreichender Raum für positive Veränderungen geschaffen.

LITERATUREMPFEHLUNG ZUR BACHBLÜTENTHERAPIE

Edward Bach, Gesammelte Werke,
Von der Homöopathie zur Bachblütentherapie,
Aquamarin Verlag, Grafing;

Nora Weeks, Edward Bach, Leben und Erkenntnisse,
Hugendubel Verlag, München;

Edward Bach, Blumen, die durch die Seele heilen,
Hugendubel Verlag, München;

Ilse Maly, Blüten als Chance und Hilfe,
Opal Verlag, Augsburg;

Götz Blome, Mit Blumen heilen,
Bauer Verlag, München;

Mechthild Scheffer, Bachblütentherapie,
Hugendubel Verlag, München;

Dietmar Krämer, Neue Therapien mit Bach Blüten,
Ansata Verlag, Interlaken;

Mechthild Scheffer, Wolf Dieter Storl,
Das Heilgeheimnis der Bachblüten,
Wilhelm Heyne Verlag, München;

Mechthild Scheffer, Die praktische Anwendung der Original Bach-Blütentherapie in Fragen und Antworten,
Goldmann-Verlag, München;

Brigitta Pitzer

Ich bin am Stadtrand von Linz geboren, wo es mir noch möglich war, bei Waldläufen und Streifzügen durch die naheliegenden Auwälder die Schönheit und Kraft der Pflanzenwelt kennenzulernen.

Nach der Schulzeit führte mich das Biologiestudium nach Wien, wo ich die heimische Flora von einer sehr wissenschaftlichen Seite kennenlernte. Die umfassende Systematik, die ich mir nur schwer aneignete, zeigte mir aber auch Zusammengehörigkeiten von Pflanzenfamilien und Ordnungsprinzipien, die allem Leben zugrunde liegen.

Später lernte ich Elisabeth Aichinger kennen, die mir tiefes Wissen über die Wirkungsweise der Bachblüten vermittelte. Sie war es auch, die mich zur Astrologie hinführte. Bald darauf absolvierte ich eine astrologische Ausbildung.

Inzwischen arbeitete mein Mann mit Akupunktmassage nach Penzel, und durch seine Erfahrung lernte ich eine Menge über das Meridian-System und die chinesische Elementenlehre. Mit dieser Basis war es mir leichter möglich das Werk von Dietmar Krämer zu verstehen und in meine Arbeit einfließen zu lassen.

Kurz nachdem ich 1994 eine Ausbildung zur Psychotherapeutin begann, lernte ich Ilse Maly kennen, die mir Einblick in die Familienrekonstruktion nach Bert Hellinger gab, und die mein Interesse an systemischer Familientherapie weckte.

Ich möchte mich bei all meinen Freunden und Lehrern bedanken für die Geduld und die Liebe, mit der sie mich auf meinem Weg begleitet haben. Besonderer Dank geht an unsere Tochter Tanja, die mir zeigte, wie sehr die Malerei das Herz eines Menschen öffnen kann. Es bereitet mir die astrologische Malerei, wie auch die Ausdrucksmalerei auf Seide große Freude.

In Seminaren vermittle ich gerne mein Wissen über Bachblütenessenzen und kreatives astrologisches Malen. [1]

---

[1] Für Interessierte kann der Kontakt über den Verlag hergestellt werden.

Tanja Leodolter,

1971 in Chicago geboren, studierte von 1991–1996 an der Fachhochschule Augsburg Kommunikations-Design und schloß das Studium erfolgreich als Diplom-Grafik-Designerin ab.

Aus spontanem Interesse an dem Thema, sowie einer übereinstimmenden Auffassung von Natur und Seelenleben, entstand die grafische Interpretation zu diesem Buch.